共産党除名撤回裁判の記録 I

2024.3.7〜
2024.6.13

東京地裁の門をくぐる

松竹伸幸

かもがわ出版

はじめに

私は2023年2月、その2週間前に『シン・日本共産党宣言』（文春新書）という著作を刊行したことを理由に、共産党から除名された。私は共産党の現在の綱領と規約を全面的に支持しており（古い綱領と規約には共感できない）、著作のなかでも綱領・規約への批判は一言も述べていない。どう豊かに発展させ、運用するかを真剣に提案したつもりである。共産党の規約は「党の綱領と規約を認める人は党員となることができる」（第4条）と定めており、私には党員としての資格があるのだ。

けれども、その私の訴えは、党内では受け入れられなかった。共産党は私の主張が綱領と規約に反しており、党を「攻撃」していると批判した。共産党を攻撃する分派をつくったとも主張した。24年1月に開かれた党大会では、21名の幹部団が私の再審査の請求を棄却する決定を行ったのである。

そのため、共産党員でありたいという私の思いを実現するために残された道は、裁判以外にはなくなったのだ。こうして24年3月7日、私は、除名の撤回をめざして東京地方裁判所に提訴したのである。

裁判で私が勝利するのは容易ではない。過去、同じように団体内部の処分をめぐって争われた裁判において、団体の自律に任せるのが妥当であり、司法の審査権は及ばないとされてきたのである。「部分社会の法理」と称されてきた。ここ数年、同じ部分社会であっても、地方議会や労働組合の処分をめぐっては過去の判例が覆されてきているが、その判断はまだ政党には波及してきていない。

私の裁判は、その過去の判例を覆す闘いである。私は、過去にきびしい弾圧を受けた共産党という結社の一員として党活動に励んできた経験から、結社の自由は瞳のように大切だと考えている。しかし、結社の構成員が処分された場合、憲法で明記された裁判を受ける権利も存在しないという判例はおかしい。憲法21条は「集会、結社及び言論、出版その他一切の表現の自由は、これを保障する」として、結社の自由と出版の自由を同じ位置づけで保障しているのだから、結社の自由が出版の自由に優越することはあり得ない。そんなことが許されるなら、極端な場合、政党が違法な決定を行い、党員に対して「決定だから従え」と求めた場合も、決定を批判する出版の自由もないことになってしまう。結社の自由と出版の自由の均衡点を探り出さなければならないのだ。

そういう意味で、私の裁判は、個人の人権保障の上に成り立っている憲法の原則を、さらに豊かに発展させるものだと考えている。日本国憲法の制定以来、人権と民主主義のために連綿と続けられてきた人びとの闘いを受け継ぎ、次の時代に受け渡す闘いだと思っている。

そういう見地で、最高裁判所で判例を覆すまでの間、毎週1回、裁判に特化したメルマガを配信して記録を残すことにした。本書は、その第1回目の記録集であり、地裁に提訴した3月7日から第1回目の裁判期日（6月20日）の直前までのものを掲載した。裁判所に提出した訴状も資料として載せている。

最高裁判決まで何年かかるのか、従ってこの本が何冊になるのか、現時点ではまったく分からない。前例のない記録集として注目していただければ幸いである。

共産党除名撤回裁判の記録Ⅰ——東京地裁の門をくぐる●もくじ

第1号

（2024.3.7）

東京地方裁判所への提訴に当たって

先ほど（24年3月7日午前11時30分過ぎ）、東京地方裁判所に対して、日本共産党からの除名撤回を求めて提訴した。弁護士の平裕介（団長）、伊藤建、堀田有大氏とともに地裁の14階にある地裁民事部事件係窓口に出向き、「訴状」を提出したのである。わずか10分程度のあっけない時間であった。事件番号は令和6年（ワ）第5849号。争う相手は日本共産党である。証拠として除名のきっかけとなった『シン・日本共産党宣言』も甲1号証として提出。直後に地裁内にある司法記者クラブで、会見も行った。いよいよ裁判の開始である。これまでの人生のなかで、身の引き締まる瞬間には何度も遭遇したが、その最大のものだと言えるだろうか。

●最高裁判例を覆したい

本日から裁判記録としてメルマガを開始する。裁判終了まで週1回書き続けるつもりだ。いつ終わるかは分からない。私が東京地裁で勝訴し、共産党が控訴しなければ、その時点で裁判は終わり、メルマガも終了する。しかし、どちらが敗訴しても、どちらともその結論を地裁や高裁の段階で受け入れることはないだろう。おそらく最高裁まで争われることになる。

それまでどれだけの時間がかかるのだろう。短期間で終わるとすると、私が敗訴する場合である。なぜか。

このメルマガを購読されるような人なら、政党からの除名案件では、政党が圧倒的な優位にあることはご存じだろう。共産党の袴田里見副委員長の除名をめぐって、１９８８年、政党が規約にそって除名を決定する場合、裁判所は関与できないという主旨の最高裁判決が下された。「判例百選」にも載るような有名な判決である。有名というだけでなく、その後、政党からの除名をめぐって争われる場合の規範となっている。ここ10年ほどの事例を見ても、自民党や民主党の地方議員が除名撤回の裁判を起こしたが、この判例の考え方がほとんどそのまま適用され、議員側が敗訴している。

すなわち、この判断を裁判所が変えない限り、私の裁判は何の波乱もなくたんたんと進行し、従来型の判決が下されるということだ。そんな裁判になったら、短期間で終わってしまうことになるだろう。

そこを突き崩そうというのが、裁判にかける私の覚悟である。法廷戦術ともかかわるので詳しいことは書けないが、東京地裁で裁判官３人があっと驚くような論理や証拠を提示し、古い判例はそのまま通用しないと思わせるだけの闘いをしたいと考えている。その結果として裁判は長期化するだろうから、勝訴する場合は5年程度はかかるだろうというのが、弁護団や私の見通しである。その間ずっとメルマガを書いて、読者にお届けしたい。

●福島の生業裁判にかかわった経験

東京地裁の内部に入るのは初体験だった。自分が原告になって裁判を起こすのが初めてなのだから、当然だろう。隣に位置する日比谷公園は、昔は日比谷図書館があり、いまは同じ場所に図書文化館があってよく使うので、地裁がここにあることは知っていた。その地裁の法廷に立つ日が来るとは、これまで想像もできなかった。

裁判を傍聴したことはある。2011年の3・11があり、福島の人々が「生業《なりわい》訴訟」(「生業を返せ、地域を返せ！　福島原発訴訟」)を4000人近い集団で起こしたのだが、原告団・弁護団から相談があったのだ。法廷が開かれる度に原告が傍聴のために集まる予定だが、傍聴席の数をはるかに上回るので、入れない人のために近くの会場で講師を呼んで学習会を開催したいから、講師の選定と当日の案内をお願いできないかというのが、相談の内容だった。出版社に務め、いろいろな著者との関係があるので、うってつけだと思われたのだろう。この依頼に応え、「あまちゃん」の音楽を担当した大友良英氏をはじめ、浜矩子、白井聡、内田樹、藻谷浩介、鳩山由起夫などの各氏をお呼びすることになる。原告には喜ばれるし、私はその講演録を本として出版できるし、ウィンウィンの仕事であった。

その仕事の最初に、傍聴させてもらったわけである。原告の声を詰まらせながらの生々しい証言、被告である国の官僚の無表情、弁護団のとっさの判断の様子など、テレビでは見ることのできない体験をすることになった。

でもそれは、あくまで傍聴席から眺めていたものにすぎない。本日は地裁のなかに入っただけだったが、実際に原告の席に座り、被告席にいる共産党志位議長の表情を眺め（おそらく被告本人ではなく代理人弁護士だけだろうけれど、それでも知り合いの可能性が高い）、自分で弁論を行うときにどんな感情が襲ってくるのだろうか。おそらく4月か5月には、最初の法廷が開かれることになると思うので、原告本人のリアルな気持の動きもメルマガでお知らせできればと考えている。

●当初、「裁判」までは想定しなかった

共産党とともに半世紀近くを過ごしてきた私が、その共産党を相手に裁判を起こすとは、想像もできなかった。しかも、学生時代に党の専従になることを決意し、実践してきた私である。除名騒動のなかで、いつそんな大胆なことを考えたのだろうか。

23年1月に『シン・日本共産党宣言』を刊行した際、除名されることなど想定していなかったので、裁判の覚悟もなかった。本を出せば多少のハレーションは引き起こすだろうし、共産党のことだから除名も含め何でもありだとは一般的には思っていたが、実際に除名までされることは考えていなかったの

だ。だって、2000年に双方向・循環型を謳う新規約が採択され、前衛党や自己批判という用語も放棄されており、それ以降、政治的な案件で除名された事例はなかったのだから。

じつは、「裁判」の2文字を最初に口にしたのは、本の刊行後2週間が経ち、規約違反を疑われて京都南地区委員会から呼び出されて2月2日に実施された「調査」の冒頭である（京都府委員会と京都南地区委員会の合同調査だった）。この時点で、もしかしたら最悪の場合は除名になるかもしれないとは考えていた。それでも、「裁判」という言葉が私の口から飛び出したのは、除名されたら裁判に踏みだそうと実際に決意していたからではない。「調査」の全体を録音する理由とするためである。

規約違反で調査するというのだから、その後、規約違反など犯していないとする私と共産党との間で、裁判にならずに党内での議論が進行していく場合も、調査の内容をめぐって争いが起きることは確実である。その際、「あなたはこう言った」として、実際に言ってもいないことを言ったかのように使われると、困ったことになる。そういう事態を回避するには、ちゃんと録音する必要があった。

いまや相手に知られずに録音できるペン型の録音機も発売されていて（その時点でなぜか日本製は存在せず、ほとんど中国製ばかりだったのは笑ってしまった）、念のためにそれを上着のポケットに付けておいた。けれども、こちらに落ち度がないのにコソコソするのはいやだったので、調査の冒頭、録音したいと申し出て通常型の録音機をカバンから取り出し、自分の前の机に置くことにしたのである。

調査の主体となった京都南地区委員会の河合秀和地区委員長は、「録音など認められない」と主張する。それに対して私は、調査の内容をめぐって争いになったときのため、正確な記録が大事であって、それは党にとっても大事なことだろうと反論する。河合氏はさらに、調査は内部の記録であって、外に持ち出せるようなかたちで録音が残るのは、内部問題は内部で解決するという規約上の問題になると言い張ってくるのだ。

そこで私はしびれを切らして言ったのである。この問題が党と私の間では解決せず、万が一裁判になった際、裁判所から調査の内容を出すよう求められるかもしれないではないか。裁判で判断を下す材料があいまいな記憶ではあってはならないので、どうあっても録音はするのだと。

これに対する反論は、河合氏からも、同席していた京都府委員会の宮下雅之副委員長、池田文穂常任委員からも出なかった。だからそれ以降のやり取りは、すべて記録されている。私のホームページで音源をアップしているので（https://matutake-nobuyuki.com/assets/recording/20230202_kyouto_cyousa.m4a）、関心のある方は視聴して頂きたい。

●処分のための「調査」過程で覚悟を決めていた

この調査冒頭の時点では、「裁判」の2文字は、あくまで録音する根拠として出したものだった。しかし、裁判開始にあたってこの音源を聞き返してみて分かったのだが、一時間以上に及んだ調査のかなり早い時点で、私は裁判することを決意していたみたいだ。録音を開始してからも、調査の内容を外にもち出すかどうかの議論が続いたのだが、8分50秒の頃に私はこう発言している。

「いや別にもち出したいと思ってるわけじゃありませんけれども、その結果例えばですね、処分されるっていうふうになればですね、どんな処分であれ、私としては撤回を求めて裁判などに訴えることはありうると思っておりまして、だから現時点で私はだから共産党という政党が党員の言論をどこまで制約できるのかと、憲法上保障されたものを、私的な結社の自由という問題との絡みで、裁判になってそれで確定的な判決を得られるっていうのは大事なことだと思っているんです。」

なぜそんなことを述べたのかと言えば、実際に調査なるものを受けてみて、「これはとうてい調査と呼べるようなものではない」と感じたからだ。調査とは、「事を明らかにするために調べること」（大辞林）とされるが、いくら質問を受け、それに答えていっても、何事も「明らかに」なっていかないのだ。地区委員長が十数枚のペーパーを手にして、まず1枚目を読み上げる。それに対して私が答えると、「では次に」と言って2枚目を読み上げていくというやり方である。これは調査ではなく断定だというのが、私の率直な感想だった。

例えば、私の安保自衛隊論が綱領に違反しているという文章が、河合氏によって読み上げられる。それに対して私は、志位氏も安保条約第5条を発動するとか、自衛隊は野党連合政権どころか民主連合政府でも合憲だと主張していることを挙げながら、私の主張もその延長線上のものであることを立証していく。しかし、調査する側が述べるのは、私の主張が綱領に違反するのは「赤旗」に掲載された藤田健氏の論文で明らかにされており、党中央常任幹部会もその内容が「的確」であると確認しており、それはもう動かしがたい前提なのだということでしかなかった。

要するに、議論をして一致点を見いだしたり、不一致点を整理するような調査ではない。あらかじめ決まった結論を宣告するための儀式でしかなかったのだ。「これは党内でいくら議論しても徒労に終わる」とすぐに感じることになった。だから裁判への覚悟がすぐに生まれたのだと思う。

●党内で議論していても埒が明かない

極めつけは調査の最後であった。河合氏が最後のペーパーをめくって、こう読み上げたのである。

「松竹さんのこの間の行為はね、やっぱり除名処分に値する行為だというふうに考えます。地区の常任委員会としては、そういう立場で手続きに入りたいというふうに考えます。」

これには本当に驚いた。だって、「事を明らかにするために調べ」るのが調査であって、処分するかどうか、処分の内容をどうするかは、調査の結果を踏まえて地区委員会で議論して決めるはずである。ところが、地区の会議も開かない段階で、すでに除名の結論が出ていて用意されたペーパーに書かれていたのだ。ちゃんと議論したように装うためには、せめて同席して調査に加わっている京都府委員会の2人に相談した形式くらいはとればいいものを、声をかける程度のことすらするわけではない。いま引用した文章を書いたペーパーを、ただただ地区委員長が読み上げただけだったのである。

党内で議論していても埒が明かない。これは裁判するしかない。これが調査を受けた私の結論であり、覚悟でもあった。

次回は、除名を決めた京都の党ではなく、日本共産党それ自体を訴えた事情について書きたい。

第２号

（2024.3.14）

京都の党とは通じ合うものがあったのだ

　１週間前（３月７日）の除名撤回を求めた提訴のあとの記者会見の場でのことだ。ある大手メディアの記者が近づいてきて、３時頃には共産党のコメントが出るようですよと耳打ちしてくれた。

　政治の上での争いというのは、政治的中立性・公平性が求める放送メディアはもちろん、一般的にも報道しにくいものだ。しかし、共産党がコメントを出してくれると、両方の言い分が載せられるので報道しやすくなる。ああ、これで多くのメディアが報道してくれると喜んだのだが、実際、ＮＨＫ、朝日、毎日、読売、産経、東京、京都、時事、共同などが報道してくれた。コメントを出してくれた共産党広報部には感謝しかない。植木さん（広報部長）、ありがとう。

　普通、訴状を出す日の相手側のコメントは、「訴状が届いていないのでコメントできない」というものなのだが、今回、正面からコメントを出してくれた。お礼ついでに、コメント全文も紹介しておこう。内容についてはおいおい論評していく。

「松竹伸幸氏の提訴はまったく不当なものである。松竹氏の除名処分は、党規約にもとづいて厳正かつ適切だったことは、党の最高機関である党大会で再審査請求が審査され却下されたことによって、最終的に決着済みの問題である。

そもそも、政党が「結社の自由」にもとづいて自律的な運営を行うことに対し、裁判所の審査権が及ばないことは、1988年12月20日の最高裁判決でも確認されていることでもあり、このような提訴は、憲法にてらしても成り立たないものである。」

●担当する裁判官が決定する

提訴の翌日（8日）、文藝春秋ウェビナーで東浩紀との対談があり、「訂正できない共産党」をテーマに語り合った。たいへん盛り上がったけれども、短期間に仕事がぎゅっと詰まっていて、それなりに疲れた日々でもあった。そこで土曜日（9日）、家に帰ってきてゆっくりと過ごすことになる。

9日、弁護団長の平氏からメールがあり、2つのことを知らせてくれた。1つは、提訴の日に、東京地裁の訴状提出窓口で少し議論があった問題である。

何かというと、訴状とともに資料も提出し、その第1号は当然『シン・日本共産党宣言』だったのだが、窓口の担当者がこのままのかたちでは受け取れないというのである。刑事事件の場合、本そのものが資料になるのは普通だが、民事の場合、かなり異例だということ。そこで、数分議論したあと、同じものをPDFファイルで後日提出することで決着した。

ところが、９日に東京地裁の窓口から電話があり、この事件を担当する裁判官が決まったのだが、その人が書籍まるごと提出してほしいと希望しているとのこと。これって、裁判官の読む意欲が満々だということを意味していて、かなりいい感触である。

しかも、知らせてくれた２つ目のことであるが、その裁判官は、貝阿彌《かいあみ》亮氏で決定ということだった。そんな名前を聞いても、私には珍しい名前だねということしか思い浮かばないが、弁護士によるとかなり画期的なことらしい。私の裁判で争点となる行政法に精通していて、最高裁の調査官もやった経験があるので、提出した訴状を理論的に真剣に捉えてくれる見通しが立ったということだった。裁判官は、過去の判例を自分の担当する事件の参考にして判決を書くのだが、判例だけにしばられるのではなく独自の理論的な判断をする人だということだ。もちろん、だからこそ理論的にバツという結果を生むこともあるだろうが、こちらの主張を理論的に真剣に捉えてくれることはありがたい。

ネットで調べたら、まだ若く（45歳）、東大を主席で卒業だって。法廷でお会いするのが楽しみである。

●「原告」「被告」が誰かは最後まで書いていない

さて、原告となって初体験する裁判は何もかもが新鮮で目新しい。提出した「訴状」だが、これって確かに１頁目（表紙）の冒頭に「訴状」と書いているのだね。何か別に正式の言葉があって、その略語だとばかり思っていた。なお、この訴状をはじめ裁判関係の書類は、私の公式ＨＰで誰でも見ることができるようにしているので、関心のある方はアクセスして頂きたい。〈https://matutake-nobuyuki.com〉

その訴状であるが、表紙では日付の次に「東京地方裁判所民事部御中」とあり、続いて弁護団3人の名前が並んでいる。私本人が訴訟するのではなく代理人弁護士を立てるのだから当然だろう。表紙の最後には、「地位確認等請求事件」という今回の裁判の性格付けが書かれてあって、私の共産党員としての地位を確認してほしいと請求していることを意味している。そして、「訴訟物の価格」として「710万円」とあり、これはおいおい書いていくけれども、それだけの損害賠償を求めているということだ。

あれ？っと違和感を感じたのは、表紙のあとの「目次」数ページが終わって本文に入っても、引用される場合などは別にして、原告である私の名前はもちろん、被告である共産党の名前も出てこないことである。基本は「原告」「被告」とだけ書かれているのだ。これって訴状の常識なのだろうか。

では、その原告と被告の名前はどこに出てくるのか。訴状は合計で54ページになるのだが、最後の手前の53ページに「原告　松竹伸幸」とある。そして最後の最後の54ページに、「被告　日本共産党」と出てきて、最後の行はこうなっている。「上記代表者　日本共産党中央委員会議長　志位和夫」

ここで表紙に戻って読み返してみると、下のほうに「当事者の表示」とあって、「別紙当事者目録記載の通り」と書かれている。そして、いま紹介した53ページと54ページは、確かに冒頭に「（別紙）当事者目録」とある。

そうなんだね。当事者の名前は、こうやって最後に「別紙」で記載するのが、裁判の普通のやり方なんだ。これって、何か理由があるのだろうか。裁判官が当事者の名前を知らないまま中身に目を通した方が、名前から醸しだされる雑念に影響されないで、ただただ事実関係を把握できるようにするためなのかなあ。実際、共産党が松竹を除名した事件だということになると、間違いも含めいろいろな風聞がまき散らされているから、影響があるのかもしれない。誰か理由を知っている人がおられたら、是非教えてほしいものである。

ところで、訴状を提出した直後の記者会見では、被告が「日本共産党」であることに関する質問が出された。これは当然である。記者会見の告知文を出した数日前の時点では、３者を被告として訴えると書いていたからだ。日本共産党中央委員会、同京都府委員会、同京都南地区委員会である。

なぜそれを、ただの「日本共産党」にしたのか。その理由について弁護団長の平裕介氏は、法人としての日本共産党の性格という角度から語っておられて、私のＹｏｕＴｕｂｅチャンネルで視聴できるので、関心のある方はご覧頂きたい。〈https://www.youtube.com/@Matsutake.Nobuyuki〉私は、原告としての視点から、この結末を大歓迎していることを書いておきたい。

●京都の党だけを被告にしたくなかった理由

弁護士の平裕介氏を事務所に最初にお訪ねしたのは、昨秋のことだった。なぜ平氏に弁護をお願いすることにしたのかは、そのうち書くことがあるだろうけれど、最初にご相談したことの一つが、誰を被告にするのかということだった。除名の撤回を求めて裁判するのだから、通常、訴える相手は除名を決めた当事者になるのが自然である。私の場合、除名を決定した京都南地区委員会と、それを承認した京都府委員会ということだ。

しかし私は、そのやり方は取りたくなかった。何よりも、私の除名は京都の党ではなく、党中央委員会が主導したものであることが明白だったからだ。しかも、京都府委員会の渡辺和俊委員長も京都南地区委員会の河合秀和委員長も、親しくさせてもらうほどの関係ではなかったけれども、私にとっては尊敬すべき先輩でもあり、どこかで通じ合うものがあると感じていた。

渡辺氏は、私が学生運動に没頭していた1970年代末、京都府委員会で青年学生対策を担っていた。78年だったから私が23歳の頃だろうか、当時の京都大学ではいわゆる極左学生集団による暴力一層の闘いが高揚しており、全学連（全日本学生自治会総連合）の副委員長をしていた私は京大に派遣され、一か月ほど泊まり込みで闘いの援助をしていた。とはいえ、私はその種の暴力学生がいない一橋大学の出身で、何の経験もない。渡辺氏は、京大支援のために京都教育文化（教文）センターに集まった学生党員を指導しておられたが、頼りのない私にも優しく接してくださり、苦しいけれども心温まる日々を過ごすことができたのだ。

私が党中央を退職し、京都の出版社に仕事を得てやって来ると、すでに府委員長になっていた渡辺氏はすぐに酒宴の席を設けてくれた。なぜ私が退職したかという事情に関心があったのだろうが、そこはあまり突っ込むことをせず、京都での仕事が成功するよう激励して頂いた。私は、自分の人生をかけた党の専従者の道から落後し、生まれて初めてとも言える失意の日々を送っていたから、この励ましは本当にありがたかったのである。

河合氏と最初にお会いしたのは、私がすでに京都の出版社に就職したあと、それも10年以上が経った２０１６年８月８日のことだった。なぜ日付まで覚えているかというと、その日付で穀田恵二衆議院議員宛の手紙を、共産党京都府委員会にある国政事務所の所長であった河合氏に手渡したからである。穀田氏の京都での活動を取り仕切る仕事をしていたのが河合氏だった。

この手紙は、前原誠司氏との対談を行って、それを本にしないかと打診するものだった。２０１５年に共産党の志位和夫委員長が野党連合政権構想を打ちだし、野党間の政策の違いを乗り越えて選挙で協力して政権をともにすることを呼びかけていた。私はその呼びかけに心から賛成しており、京都でそれを成し遂げるため、自分の立場で何かできないかと考えていた。それが対談と本の刊行の提案だったのである。

河合氏はすぐに賛同し、穀田氏と渡辺府委員長の賛同を得て、党中央に手紙を送付してくれたのである。まず、その手紙の全文を紹介しておこう。同じものを前原氏の事務所を訪ねてお渡ししている。

●穀田恵二氏への手紙

民進党・前原誠司様との対談本作成についてのお願い

日頃のご健闘に敬意を表します。標記の件につきご検討をいただきたく、お手紙を差し上げます。

現在、野党の共闘をめぐる問題が政治の焦点の一つとなり、読者の関心も増大しています。しかし、残念ながら、野党共闘はどういう場合に可能になり、どういう場合は可能でないのか、野党間の政策の違いはどこまで埋めることが可能で、どこまで一致すれば選挙協力となり、どこまでなら政権協力となるのかなど、基本的な問題について、読者は十分な情報を持っていない状態です。

幸い京都では、この問題でのキーマンとなる穀田様、前原様がおられることに着目しました。お二人に対談を通じてご見解を披露し、議論を闘わせていただき、それを本として世に問うことができれば、読者にとって有益ではないかと考えます。

実際に対談が実現します場合は、以下のような柱で、秋に2日間かけて（1日3時間程度）実施できればと思います。もちろん、この柱は、お2人のご意見、ご要望を踏まえて、整理していきます。

1、「戦った日々、肩を抱き合った瞬間」――お2人が京都で立候補されて以来、相手をどう認識し、論戦してきたのか。今年5月、北海道衆院5区補選の街宣車に同乗したとき、何を感じたのか。

2、「社会保障・経済政策はどこまで一致できるか」――ちょうど前原様の「世界」インタビューが掲載されましたので、その趣旨をご説明いただき、穀田様が感想を述べるかたちで、議論を進めたいと思います。

３、「安全保障政策は野合しかないのか」——この問題の議論がいちばん難しいと思います。たとえば、「自衛隊を活かす会」（代表・柳澤協二）が「（安倍政権）に対抗する側の政策提言の基礎」として「提言」を昨年6月に発表していますが（同封の講談社新書『新・自衛隊論』所収）、それを叩き台にして、どこまで一致できるのか議論するのはいかがでしょうか。ちょうどその提言が出された直後の「自衛隊を活かす会」のシンポジウムでは、日本共産党から穀田恵二様、民主党から福山哲郎様が党代表としてご挨拶されております。なお、私は、この「会」の事務局長を務めております。

４、「選挙協力と政権協力の狭間」——政党の協力で選挙協力に止める場合、政権協力にまで踏み込む場合、その他、何を基準として選択するものなのか、率直にご議論いただければと思います。

以上、突然のお願いですが、ご検討いただければ幸いです。よろしくお願いします。

２０１６年8月8日　かもがわ出版編集長　松竹伸幸

●京都の党はかつて独立性が高かった

以上が手紙の内容である。その直前、原水爆禁止世界大会に参加していて、この構想を思い立った。そして広島から帰ってきてすぐに手紙を書き始め、8日の午前中、お2人の事務所を回ったのである。

対談の冒頭のテーマとして、「戦った日々、肩を抱き合った瞬間」を提案していることについて説明しよう。ついその3か月ほど前だが、北海道衆院5区の補欠選挙の際、野党統一候補を支援するため、

2人が同じ街宣車に乗って方を抱き合ったのをニュースで見て感動し、お互いが何を感じたのを語り合ってほしかったのである。それまで相手をさんざん批判してきた間柄だけに、何か思うものがあったのではないかと考えていたわけだ。

共産党と民進党（当時の前原氏の所属政党）では、安全保障政策が根本から異なるから、政権協力は難しい。相手の政策では不十分という程度の違いならお互い容認できるだろうが、相手の政策では戦争になるというのがお互いの認識なのだから、そのままでは政権をともにしたり、相手の候補を気持ちよく支持して選挙で応援することはできない。

しかし、1区で穀田氏が2区で前原氏が立候補するという、いわゆる「すみ分け」くらいならできるのではないか。相手の候補は自分の選挙区には立候補しないでもらうだけである。それなら、少なくとも選挙戦で、相手の候補を支援することはしないで済むのである。

ただ、それを具体化しようにも、それまでさんざん対立していた両党のことであるから、そう簡単ではない。それなら、フランクに対談でも行い、胸襟を開いて語り合えば、政策の違いは埋められないまでも、「すみ分け」の合意くらいはできると考えたのだ。

当時、国民連合政府の構想は出されたが、なにしろ初めての試みで、総選挙間近だとウワサされるのに、野党間での議論は進んでいなかった。そこに、もっとも野党共闘が難しいと思われた京都で先例ができれば、それを望む全国の人々を励ますことができる。そんな思いだった。

しかし、対談は実現しなかった。河合氏が私の手紙を党中央に送って検討を要請したのだが、「対談はまかりならぬ」という返事が返ってきたのである。その返事を伝える河合氏の残念そうな声がいまでも耳に残っている。

京都で仕事を始めてから分かったのだが、京都の党はかなり中央から独立性が高く、市長選挙などでも対立することがあったそうだ。その結果、市長候補がかもがわ出版から出した本が、市長選挙がはじまっているのに「赤旗」の広告に載らないこともあったのだと聞いていた。

それと同様、野党共闘をめぐっても、京都の党は（渡辺氏も河合氏も）、党中央よりもさらに先に進もうとしているのだというのが、当時の私の感触だった。野党共闘には、それなりに熱い信頼関係がないとできない政権共闘から、政策がバラバラでも当面の利害で協力する国会共闘まで、幅広い段階があるのだから、縦横無尽にやればいいのだと私は考えたが、それは京都の党にも共通するところなのだという実感があった。

こういう経過があったから、私の除名問題をめぐっても、京都の党は本音においては、党中央とそれなりに違うところがあるのだと考えていた。だから、京都の党だけを被告にするのは、私としてはどうしても避けたかったのである。

第3号

（2024.3.21）

被告は「日本共産党」、その代表は「志位和夫」

裁判に向けた準備がどんどん進んでいる。前回、裁判官が決まって私の『シン・日本共産党宣言』をまるごと提出するよう指示があったことをお伝えしたが、続いて裁判所から2つの問い合わせが弁護士のもとにあった。

1つは、この裁判で原告本人（私のことである）が意見陳述をするかどうかだ。裁判って、原告も被告（志位氏のことである）も本人は出廷せず、弁護士が代理人を務める形式で進むのが普通である。だけど裁判所は、この原告はそういう方法はとらないだろうと思ったのだろうね。当然こちらも原告が出廷して意見陳述する旨を伝えた。被告側はどうするだろうか。

もう1つは、傍聴人がどのくらい来るのかのメドを聞かれたことだ。初めて知ったことだが、東京地裁で傍聴席が60席程度の大きな法廷は3つくらいしかないらしい。そこを使おうとすると早めの確保が必要だということだ。

この判断は難しい。メディアがかなり注目しそうな予感はある。決まった裁判官がどんな訴訟指揮をするかなという期待もあるだろう。同時に、中央大学の中北浩爾氏が「赤旗」で批判されたことの反論の掲載を求めたのに対して、党の側が「赤旗」は一般紙ではなく政党機関紙だいうことを理由にして拒否したことをめぐって、ジャーナリズム界隈が共産党論をめぐってざわついているからだ。ある著名なジャーナリストも傍聴したいと考えているみたいだ。

一方、私の支援者もそれなりに傍聴してくれるだろうとは思う。第１回の期日になるし、その日、池田香代子さんとの対談も決まったので、傍聴→対談イベント→懇談という流れもできて、意味のある１日になるであろう。

ただし、この間の共産党の動きを見ると、私が講師を務める学習会などに参加したというだけで、党員としての資格を疑われて呼び出しされるという事態もある。裁判の傍聴というのは、私を支援することと直接の関係はないと言い張れるとは思うが、現実にはそう甘いものではなかろう。

これらの点を総合的に勘案し、裁判所には、40～50人程度ではないかと回答した。さて、どうなるやら（最終的に４月25日午前10時30分から４階の４２１号法廷で決まり）。

ということで、ようやく本文に入る。前回のメルマガ（３月14日）で、私の裁判の被告は「日本共産党」であり、その代表は「志位和夫」氏であることを書いた。当初から、除名を実際に行った共産党京都南地区委員会と京都府委員会だけが被告となることを避けたいと思い、どうしても中央委員会を加えた3者にしたいと弁護団に申し出ていたのだが、それよりさらに前進した形である。

●当初は「共同不法行為」で3者を被告とする予定だったが

最初は3者を被告にすることになっており、弁護団はその根拠として、「共同不法行為」を適用しようと述べていた。あまり聞かない言葉だが、ネットで検索すると、たくさんの法律事務所のサイトが表示され、訴訟ではかなり広く使われる概念のようだ。民法第719条1項にその規定がある。

「数人が共同の不法行為によって他人に損害を加えたときは、各自が連帯してその損害を賠償する責任を負う。共同行為者のうちいずれの者がその損害を加えたかを知ることができないときも、同様とする。」

私の除名の場合、ヘタをすると、党中央委員会は被告となるこをを拒否する危険があったと思う。なぜなら、私の除名問題が浮上して以降、党中央は除名問題について聞かれると、「地方の党組織が検討していることだ」として、みずからの関与を否定してきたからだ。党中央が「自分は当事者ではない」と言い張って被告となることを回避し、被告は京都の党だけということになれば、東京地裁に提訴しているのだから、あまりに不格好というか、不自然なものになっただろう。

しかし、どう考えても今回の除名は、民法にあるように「数人（党中央と京都の党との）が共同の不法行為によって」私に損害を与えたことは明白だった。というより、形式的には京都の党の行為であるが、実質的には党中央の行為だとするのが適切だろう。

メルマガの初回で２月２日に京都南地区委員会で行われた「調査」のことを書いたけれども、調査に臨むあたって私が考えたことは、今後のことを考えると、裁判に訴えるかどうかは別にして、今回の除名が党中央の主導で進んでいることは、どうしても明らかにしておきたいということだった。だから、冒頭の録音するかどうかの議論が決着し、地区委員長が調査の開始を宣言しようとした際、私は「その前に」として、以下のように問題提起している（音源は https://matutake-nobuyuki.com/assets/recording/20230202_kyouto_cyousa.m4a）。

「その前に、……この調査は地区委員会の判断で行っているというものなんでしょうか？　というのは、この間ね、『赤旗』で（藤田健氏の）論文が出て、それで（１月）23日に常幹（常任幹部会）でそれが的確だということを決めたと。常幹が23日で、25日に河合さんから私に電話があったということは、常幹の決定を受けて、やられているということで、そういう理解でよろしいでしょうか？」

この私の問いかけに対して、私の前に座って調査している誰もが反論はしなかった。地方組織が自分の判断でやっているものではなかったのだ。

●私の綱領論は志位氏の言明に沿ったものだと主張した

実質的な「調査」は、私の主張が綱領に違反するという断定から開始された。河合地区委員長が、例のように目の前のペーパーをめくりながら、こう述べたのである。

「まず第1に、綱領を認めるというような立場から考えますと、安保条約の堅持、それから自衛隊の合憲論でこういうことを主張されてるということは、綱領を認めるということと相容れないものだと思いますし、私達のこの間の決定でも明らかにしているように、総選挙以来の自民党や一部のメディアによっても展開されてきた自衛隊容認、そして合憲、そして安保条約容認というそういうことに迎合するものだというふうに思います。」

それに対して、私は、最初にこう述べている。

「率直に言って今度の本を出すにあたって、私が一番悩んだのは、もし自分の行動が、綱領と規約に反することになったら、党員の資格を失いかねないので、そこは本当に真剣に悩んだし、もう綱領や規約を何十回となく読み返して、共産党に入ってもう48年になりますけども、これほど綱領と規約に立ち返って、物事を考えたことがありません。それぐらい、私は自分の行動が、そういう点でさっき『安保・自衛隊容認』とおっしゃいましたけれども、そういうことも含めて、綱領や規約の立場に反しないと。そういう確信を持ったので書いているということは、まず冒頭に述べさせていただきたいと思います。」

その後の私は、自分の主張が志位氏の発言を踏まえたものであることを、縷々述べることになる。例えば、「本当に率直なことを言わせてもらうと、安保条約５条を有事の際に発動するということも志位さんがおっしゃったことなんです」とか、「政権に入れば自衛隊は合憲だっていうことも志位さんがおっしゃったことなんです」などである。

私はその上で、「その党首の苦悩というものを率直に言って藤田論文は何にも考慮しない」と批判した。さらに論をこう進めた。

「２０１５年に国民連合政権をよびかけたことによって、安保条約の問題で一致するという場合しか政権共闘はしないっていうですすね、党の従来の立場が変わったわけですね、それで、しかしそこに立ってみると、……安保条約と自衛隊の問題、憲法問題も含めて、どうしなければならないのかっていうことを志位さんは相当悩まれたと思います。……藤田論文っていうのも、河合さんの今のご発言というのも、野党の政権共闘を進めようとしたら、どうしても乗り越えなければならない問題だ。それをどうするのかっていうことへの言及が一言もない。」

●京都の党には問題を判断する権限がなかった

こうして「調査」では、まず私の主張が志位氏の言明に合致したものであり、綱領に反しないことを明らかにしようと考えた。その上で規約の問題に入ろうと思った。だから私は、「一つ一ついきますか。

綱領の問題ではそうです」と述べている。

ところが、それに対して党の側は、「（そういう）主張を党内でまず議論するということをなぜしなかった」と問う。私は、「それは規約の問題ですので、今は私の主張が綱領に反してるか反していないかっていう問題をまずやりませんか」と問い返す。その同じやり取りがしばらく続いて埒が明かないので、私はこう発言した。

「私のこの本は綱領に違反してるっていう、そういう認識なんですよね。それは私はそれは違うっていう話をしたわけですよね。それに対してそれは規約違反だって言われても全然論理的じゃないと思いますよ。……一生懸命お答えしたことについて何の返事にもなってないんですよ。……綱領に違反してるっていう認定……について何らかの返事があってしかるべきじゃないですか。規約の問題はちゃんとその後やりますよ、私もちゃんと自分の考え方を述べますよ。こっちの方が時間がかかると思いますから。」

これに対して党は、「話はね、全部あの規約に戻ってきますよ」とか「規約の問題はやっぱり中心問題ですよ」と答え、私は「綱領は中心問題じゃないですか？」と問い返す。このなかで、京都府の宮下副委員長が述べたことが、やり取りの無意味さを象徴していた。

「あのね、松竹さんが言われたように『常幹』の話も出されましたやん。『藤田論説』にほぼ尽きると思うんです。藤田論説については正しいということを『常幹』としても確認したというのがありますこれ。前提ですよ。それ以上でも以下でもない。我々からすれば。」

そうなのだ。党中央の常任幹部会で、私の主張が綱領と規約に反すると決定をした。その決定を踏まえて、京都の党が私に対する調査を行っている。もし決定を行った（だからその決定を変更できる資格もある）党中央が私を調査しているのであれば、何らかの歩み寄りは可能かもしれない。しかし、決定を覆す権限のない京都の党が調査をしている限り、私が何を主張したところで無意味だということなのである。

つまり、調査でどんなに議論を続けても、私を処分するという結論は変わらないということなのだ。これなら、規約の議論に移っても同じ議論が繰り返されるだけである。それは調査というより、処分をするためのただのセレモニーだというのが私の実感だったので、こう述べることになる。

「だから私が藤田論文がどういうふうに間違っているかっていうことを言いましたけれども、それについても、要するに聞くだけで議論するつもりはないということなんですか。だって綱領違反だって言っておきながら、反論は聞いておくだけと、何を反論しても、もう藤田論文で決まってるからっていうんだったら、規約の問題だって結局同じじゃないですか。私が今から、……何言ったって、いやもう藤田論文で、もう規約違反だって決めてるから、っていう、そういう結論に至るためのセレモニーのようなことだっていうふうに言わざるを得ないですよね。……何の意味あるんですかこの調査は？」

●「再審査」で「日本共産党」そのものの行為となった

裁判するならば、京都の党を相手にしても仕方がない。党中央を被告にする以外、中身のある裁判はできない。そう私が結論づけたことを理解してもらえるだろうか。

ただ、その後の展開からすれば、それは杞憂であった。除名を撤回してもらうために党大会での再審査を求めることになったからである。

私は2月6日に日本記者クラブで『シン・日本共産党宣言』の内容について講演することになっていたのだが、その前日夜に京都南地区委員会が私の除名処分を決めたため、突如、講演内容を除名の不当性を訴えるものへと変更することを余儀なくされる。

除名が不当だというだけでは私の気持ちに合致しない。できるなら復党したいが、そのためにはどうしたらいいだろうか。そんな気持ちで、党規約を真剣に読んでいた時、「被除名者が処分に不服な場合は、中央委員会および党大会に再審査をもとめることができる」という党規約第55条の規定が目に飛び込んできたのである。

これで復党への道が開けた。党大会に参加する代議員に私の復党を支持してもらえばいいのだ。そんな気持ちで翌日の講演準備を進めていたら、私の除名報道に接したいろいろな方が、「もうこの党には見切りをつけた。離党する」というメッセージを寄せてくる。そんなことになったら党内で私の除名に反対する人も減っていくではないかと考え、講演のなかでは「党にとどまってください」という呼びかけも行った。

これが党中央を刺激したようだ。それまで私に対する批判は、綱領と規約に反しているという理論的な角度からものであったが（論理的ではなかったが）、その後、「党かく乱者、党破壊者」認定がされ、「権力と結託している」という事実も根拠も示さない人格攻撃、人権侵害、名誉毀損へと質的に格上げされていくのである。この問題は、今後の裁判の争点でもあり、書いていくことになるだろう。

いずれにせよ、私に対する名誉毀損の中心は党幹部が執筆する「赤旗」論説や演説となり、党中央は裁判の相手としてふさわしい存在となっていく。全国大会での再審査が除名問題の最終的な判断の場なのだから、地方党組織が扱う問題ではなくなる。こうして、「日本共産党」が被告として押しも押されぬ地位を占めることになるのであった。

●なぜ志位氏なのか

メルマガの初回で、私の裁判の被告席に志位議長が座っている様を描写した。実際の訴状でも、被告は「日本共産党」であり、その代表者は議長としての「志位和夫」氏であることを明示している。

誰を代表として訴えるのかは、党大会で人事の変更があったことも影響し、それなりに紆余曲折があった問題である。私は、今回の除名を主導したのは志位氏だと考えているので、議長になっても志位氏がふさわしいと考えていた。一方、新しく委員長となった田村氏は、副委員長の時代、党決定の範囲内で私を批判はしていたが、「党かく乱者、党破壊者」などの名誉毀損的な発言はしていなかった（委員長となったとたん私のことを「支配勢力の攻撃にのみ込まれ、射落とされ、屈服した」（赤旗」2月7日付）と述べてがっかりしたのだが）。

一方、弁護団は当初、議長を代表者として訴えることは困難だと考えていたようである。議長というのは2000年の規約改正によって、置いても置かなくてもいい役職となったので、少なくとも形式上は代表者とは言えなくなったからである。

しかし、今回の党大会の結果を見ると、議長は名実ともに代表者と位置づけられたようである。大会後、いくつかのメディアが志位氏の「院政」を報道したが、「赤旗」（1月25日付）はそれを批判する解説記事を掲載した。それによると、第1回中央委員会総会が開かれ、田村委員長は「国政のうえで党を代表する」こと、志位議長は「党を代表するものの1人として、引き続き党の活動のあらゆる分野で必要とされる責任を果たす」ことが決まったとされる。とはいえ、それは「赤旗」のメディア批判報道記事のなかだけでありが、その第1回中央委員会総会の決定そのものは、どこにも発表されていない。弁護団は引き続き田村委員長を代表とする方針だった。

決着は不意に訪れた。提訴の直前、弁護団が共産党の法人登記を改めて取り寄せたら、志位議長が代表者としてトップに記載されていたのだ。私の裁判で志位氏が被告になったのは、共産党が選びとったというわけである。

第４号

（2024.3.28）

「訴訟物の価額」として「710万円」

３月７日に東京地裁に提訴し、その後、地裁内の司法記者クラブで会見したことはお伝えした。会見直後、弁護士から伺ってびっくりしたのは、その会見場に自由法曹団幹部（常任幹事）の神原元弁護士が顔を見せておられたということだった。

神原弁護士といえば、面識はないが人権派として著名な方で、京都朝鮮学校襲撃事件や李信恵さんに対するヘイトスピーチの裁判で原告が勝訴するのに重要な役割を果たした方である（後者の事件ではかもがわ出版から李さんと上瀧浩子弁護士の共著『黙らない女たち』という本も出ている）。そういう方だから、共産党の私に対する人権侵害にも問題意識を持ち、弁護団に加わりたいという意思表示のために記者会見に参加されたのかと一瞬、思った。実際、自由法曹団に所属する複数の弁護士からその種の申し出があったので（残念ながらお断りしたが）、そうなっても不思議ではなかったのだ。

しかしそうではなかったようだ。神原氏のフェイスブックへの投稿を教えてくれる人がいたが、私への批判を書き連ねているようである。それについては、どこかでまとめて私の考えを説明してご理解を得るようにしたいと思うが、ここで早めに言っておきたいことは、私の弁護団に対する筋違いの中傷だけは、ぜひやめてほしいということである。

神原弁護士は、「あの弁護団、反共の匂いがプンプンします」と書いている。よく知りもしない人に対して「反共」というレッテルを貼り付けることって、「反日」の決めつけと闘ってこられた弁護士としてやってはいけないことだと思うのだが、違うのだろうか。しかも、私の弁護団はいろいろな裁判で、自由法曹団の方々といっしょに真剣に取り組んでおられる。自由法曹団の幹部の方が、そういう弁護士に対して「反共」という言葉を投げつけることは、現場での弁護士の協力関係を傷つけることになるだろう。たいへん心配である。

ということで本文に入る。再び「訴状」の表紙に戻ると、まだ紹介していなかった事項がある。「訴訟物の価額」というものであり、その横に「７１０万円」と記載されている。その下に「貼用印紙額４万円」とあるのはなんとなく理解できるが、「訴訟物の価額」は聞いたことのない概念である。

●除名処分を撤回する「訴えの利益」とは何だろうか

裁判に訴えることを弁護士に相談した際、初期に聞かれたことの１つに、「松竹さんは党を除名されたことで、どの程度の不利益を被りましたか」ということがあった。裁判というのは、原告が判決を得ることによって何らかの利益を獲得できるのでないと、そもそも裁判に訴える資格がないとされ、門前で跳ね返される仕組みになっている。例えば労働者が解雇された場合、給与が支払われなくなるわけだから、解雇不当の裁判を起こすことには「訴えの利益」があるのだ。

しかし、共産党を除名されたから不当だと裁判を起こすだけでは、いったい何の利益があるのかと疑われることになりかねない。実際、除名されたことで具体的に困ったのは、共産党京都府委員会の資料室を使えなくなった程度である。収入の1％を占める党費は支払わなくてよくなったし、党費より高額な毎月の分担金（事務所維持費等）も選挙カンパも出さなくて良くなったので、経済的に見ると少し楽になった実感がある。でも、それでは裁判にならないのである。

そこで私の被った不利益って何だろうねと友だちに尋ねてみた。みんなが共通して言っていたのは、松竹さんの除名の特徴は、除名されるとともに「党かく乱者」だとか「党破壊者」だとか「赤旗」に連発されて、甚だしい名誉毀損があったことでしょうということだった。それに伴って、人間関係にも悪影響があったし、社会的な信用も低下したのは間違いないと言われた。

そうだよね。長年にわたる党員の友人は、当然、私との関係があることは党機関に知られていて、「お前は最近も松竹と会っているのか」と聞かれる。「もう除名されて一市民になったのだから、会っても分派にならないし、何の問題ないでしょう」と答えても、「いや、一市民ではない。党破壊者と会うことは党員の資格にかかわるぞ」と恫喝されるわけだ。出版の仕事で付き合いのある党員研究者も少なくないが、現実に党から圧力があるかどうかは別にして、いまのような反松竹キャンペーンの嵐のなかで編集者の私といっしょに仕事することは、かなりの心理的な圧迫にもなろう。ということは、私の仕事も減るということなので、実害も生まれることになる。

その結果、「訴訟物の価格」が発生するわけである。その価格が「７１０万円」ということなのだ。具体的に言うと、それは3つに分かれている。１つは、「除名処分による原告の手続き的利益の侵害」であり、慰謝料１００万円（プラス弁護士費用10万円）となっている。これは、瑕疵だらけの除名と再審査の却下によって生じた損害、多大な精神的苦痛、裁判に訴える対応などから生じたものだ。

２つ目は、「党機関紙の記事公表による名誉・信用の毀損、人格権侵害」である。いま紹介したようなものの総体である。これが慰謝料４００万円（プラス弁護士費用40万円）ともっとも高額なのは当然だろう。

これだけだと合計が５５０万円にしかならない。７１０万円には１６０万円不足している。これは、党員としての地位確認という裁判の性格から出て来るものだが、算定不能なものは１６０万円として計算する法律上の規定があるらしい。

●名誉毀損とは何を意味するのか

ところで、４４０万円を請求している名誉毀損について説明しておこう。この言葉は、個人の社会的評価を下げる言動を指すものとして普通に使われている。法律的に言うと、名誉毀損とは刑法第230条に定められた以下のような行為のことを指す。

「公然と事実を摘示し、人の名誉を毀損した者は、その事実の有無にかかわらず3年以下の拘禁刑又50万円以下の罰金に処する。」

「公然と」とは、特定の人々の間だけでなく、不特定多数の人に情報を伝えることである。「赤旗」は党員だけが読むものではなく、一般の図書館にもおかれて公衆の目に触れるものなので、十分に「公然と」の要件に合致する。

「事実を摘示《てきし》」するとは、事実関係（真実でなくてもいい）を具体的に指摘することであり、情報の真偽を確認できない評価や感想を述べるだけでは、「事実を摘示」したことにはならないとされる。この点でも、被告である日本共産党は、私が党を破壊しているという「事実」を指摘することで、私の社会的評価を下げようとしたわけである。

では、「人の名誉を毀損する」とはどういうことか。これは、社会的評価を低下させるおそれのある行為のこととされる。「社会的」というのは、世間の評価や名声などを指すからであって、プライドや自尊心などと呼ばれる個人の名誉感情は含まれない。なお、実際に社会的評価が低下することまでは求められず、低下のおそれがあればよいとされている。

なお、「事実の有無にかかわらず」ということが意味するのは、情報の内容の真偽を問わないということである。つまり、ウソであっても真実であっても、その情報によって私の社会的評価が下がれば、名誉毀損罪は成立し得るというわけだ。

名誉毀損罪は戦前から存在し、その最たるものが不敬罪であった。戦後に制定された日本国憲法のもとで言論表現の自由が確立されたことで、名誉毀損罪も変貌することを余儀なくされ、先に引用した刑法第２３０条の特例が生まれる。「公共の利害」「公益」に関する場合は罰しないとことになるのだ。

「前条第一項の行為が公共の利害に関する事実に係り、かつ、その目的が専ら公益を図ることにあったと認める場合には、事実の真否を判断し、真実であることの証明があったときは、これを罰しない。」（第２３０条の2第1項）

しかし、私に対する「党破壊者」認定を、「公共の利害」とか「公益」で正当化することはできないだろう。

●「かく乱」表現が名誉毀損として裁かれた先例がある

さて、私に対する「かく乱者」「破壊者」認定であるが、じつは、それと同じ表現が名誉毀損に当たると判断された事例が存在する。東京地裁の１９６４年10月16日の判決である。これは日本医師会が、「第2医師会」設立の動きをしているとみなした会員の医師に対して、機関紙で批判を加えた事件に関するものである。

判決にある原告の主張によると、日本医師会は原告に対して、「策動分子、陰謀家、権力追従者であるかのような誤った強い印象を与えるべく宣伝した」とされる。また、「撹乱会合の実況と結果のルポ」と題する記事を載せ、「統一行動に反対した異端分子……が医療撹乱の動きを見せる」と報じたという。それらを原告が名誉毀損だと訴えたものだ。

「下級裁判所民事裁判例集」によると、この判決では2つの問題が判示されたとされる。1つは、「執行部がその構成員に団体の秩序を破壊する行為があったと指弾したことが名誉毀損に当たるとした事例」である。もう1つは、「法人たる職域的団体の理事が秩序破壊行為をしたとみられる構成員に対してとりうる措置の限界」である。私の事例に酷似しているではないか。

実際に判決は名誉毀損を認定した。関連する箇所を引用しよう。

「職域団体に所属して社会的活動に従事し、各人の社会的地位に応じて社会に貢献しているという名誉と感情をもち、自己の所属する団体の秩序を乱す者であるとの指弾を受けることはその者にとつて不名誉なことであり、社会の不評を招いてひいてはその社会活動を封ぜられることにもなる。」

「……『異端分子』、『医界撹乱の動き』、『主催者のよこしまな意図』等の辞句が用いられ、これを一読する者をして、原告が日医に反逆してその分断を策し、日医会員たるにふさわしくない秩序破壊者であるとの印象を与えるものである。」

この判決は、私の場合にも十分援用可能なものだと考える。私の判決は以下のようになるのではないか。

〈党に所属して社会的活動に従事し、各人の社会的地位に応じて社会に貢献しているという名誉と感情を持ち、自己の所属する団体の秩序を乱す者であるとの指弾を受けることは、原告にとって不名誉なことであり、社会の不評を招いて、ひいてはその社会活動を封ぜられることになる。「かく乱者」「破壊者」等の辞句が用いられ、これを一読する者をして、原告が再審査請求するにふさわしくない秩序破壊者であるとの印象を与えるものである。したがって名誉毀損が成立する。〉

ただし、あまりに表現がひどすぎる場合、かえって説得力を失いすぎて名誉毀損にならないとされた事例もあるようだ。浜辺陽一郎『名誉毀損裁判』（平凡社新書）から引用しよう。

「ある選挙の候補者が、選挙公報において某宗教団体の指導者について悪意の中傷をしたが、東京地裁は表現が著しく卑俗的、揶揄に満ち、攻撃的感情むき出しで、『かえって内容的には誠に空疎であるから、これを読む国民にいたずらに嫌悪不快の念をおこさせるにとどまり、ほとんど説得力を有しない』から、その記述が同団体の社会的評価を低下させるものとは考えられないという理由から、名誉毀損とはならないと判断した。」（東京地裁昭和48年2月14日）

難しいものである。「赤旗」記事はどちらだと判断されるだろうか。後者だと判断されて無罪になるようだと、かえって党の信用を損ねるような気もする。

●名誉毀損の損害額はどうやって算定するのか

なお、なぜ私の名誉毀損の損害が400万円なのか。「訴状」には算定根拠が書いてあって、資料も添付されている。資料も私の公式HPにあるので〈https://matutake-nobuyuki.com/assets/pdf/20240307_tokyo_chisai/20240307_tokyo_chisai_08_kou7.pdf〉、関心があるならご覧頂きたい。

要するに、よく使われる算定式があるらしく、それには3つの判断基準があるらしい。1つは本人の属性、2つは情報が流される媒体の伝播性の高さ、3つは加害行為の悪質性である。これを総合して、最小値が20万円で最大値が500万円だから、私の場合、かなりの多額を請求していることになる（とはいえ、最近はスラップ訴訟が流行っているから、この算定式が吹き飛ぶこともあるようだ）。

「訴状」によれば、1つ目について、私は「ジャーナリストでもあり、有名人であるから」として高めに設定されている。3つ目の悪質性についても、名誉毀損行為が再審査が終わるまでの長期間、執ように行われたこと、私が「50年近くと人生の大部分を共産党員として過ごしてきた」事実をあげつつ、「原告のアイデンティティを全面的に否定するものであり、極めて悪質」としている。2つ目に「赤旗」の「伝播性・影響力」の高さを指摘しているが、これは褒め言葉でもあろう。以下、引用しておく。

「本件名誉毀損行為は、新聞という社会的信頼性が高く影響力の強い媒体に加え、世界中の人々が24時間アクセス可能なインターネット上でも行われており、伝播性・影響力が極めて強いものである。すなわち、しんぶん『赤旗』は、前述したとおり、第三種郵便物で公的な補助を受けて安価に郵送できる新聞メディアであり、全国の自治体図書館や大学図書館など党外の公の施設や文教施設等でタイムリーに閲覧可能であり（しかも1年間や数か月はバックナンバーとして閲覧可能な状態に置かれる）、かつ、個々の除名した党員に関する事項について詳細に書いている党発行の新聞媒体は他に例がなく、さらにインターネット版もあることから、その公的・社会的影響力は極めて大きい。原告に対する本件除名処分は、しんぶん赤旗という新聞メディアをもって党外・全国に広くタイムリーに、また何度も拡散され続けているのであって、伝播性・影響力は非常に強い。」

ということで、もし損害賠償請求の全額が認められるなら、私は弁護士費用も含めれば７１０万円を獲得することになる。これが多額か少額は私には判断できないが、実際にかかる裁判費用の見通しからすると、まったく足りないことは確実である。最高裁判例を覆して勝利しようと思えば、年月がかかることはもちろんだが、多くの学者・研究者に判例が現代には通用しないという意見書を書いてもらうことも必要になるからだ。

だから、何が言いたいかというと、今回でメルマガの無料閲覧は終わるけれども、是非、次回からも継続して購読してほしいということです。よろしくお願いします。

なお、小ネタだが、生まれて初めて東京地裁に入り、昼食は地下の食堂で食べることになった。立派な建物とは不釣り合いの小さな薄暗い食堂だったが、弁護士から聞いたところ、裁判所の食堂は質素でなければならないと決まっているそうだ。以前、松屋が入っていたのだが、ふさわしくないとして閉鎖されたとか。法律専門家の矜持って、変なところで発揮されるのだね。

第５号

（2024.4.4）

私の弁護団は「反共」ではなく「親共」!?

いよいよ４月。25日は私の裁判の１回目の期日である。共産党の側の弁護士は誰になるのだろうか。誰になっても私と面識があったり、少なくとも名前を知っている人だろうから、少し複雑な気持ちにはなるが、正々堂々と闘い抜きたい。

ところで前回、自由法曹団で幹部をしている神原元弁護士が、私の弁護団に対して「反共の匂い」という言葉を投げつけていることを、前文で少しだけ批判した。まあでも、共産党を訴える裁判で原告の弁護をするというだけで、そう思い込んでしまう人は出てくるかもしれない。実際にそういう弁護士もいるだろうしね。

そこで今回は、せっかくのいい機会なので、私の弁護団が「反共」どころか共産党にとって大事な人であることを、まとめて紹介しておこうと思う。次の３人であるが、堀田さんは最後に加わったこともあり、十分に紹介できるほどの知識は持っていないので後日に。

平　裕介（永世綜合法律事務所・団長）
伊藤　建（法律事務所Z 北陸オフィス）
堀田有大（永世綜合法律事務所）

平さんに弁護を頼もうと思ったのは、除名の直後からだった。X（ツイッター）を駆使していて、共産党による私の除名を憲法の出版の自由の観点から鋭く批判しておられた。検索してみたら、伊藤真さんの伊藤塾の講師もしておられるようで、身元（？）の確かさ（反共ではない）も伺われた。

ただ、裁判をするかどうかは、党大会での再審査の行方次第という面もあるし、決定を焦る必要はないので、すぐに連絡をとったわけではない。くわえて、私を最後まで迷わせたのは、自由法曹団に所属する弁護士にも依頼するのか、依頼しないにしても何らかの協力を頼むのかということだった。

私には弁護士の友人、知人は少なくないが、ほぼ全員が自由法曹団に所属している。ネットを見ていると団員の多くは除名に批判的なようだし（何らかの発言をしている人に限ってだが）、共産党を相手にする裁判では共産党に対する知識が不可欠で、頼りにしたいとは思っていた。しかし、自由法曹団の弁護士にとって、法廷で共産党と対決する選択をするのは容易ではない。私は全学連で他の大学ともつながりができたので、東大卒の弁護士も知っているが、例えば私と同期ということになると、志位氏とも同期になるので、さすがに法廷で被告代表（志位氏）とあいまみえることはハードルが高かろう。

ということで、共産党と顧問契約を結んでいてそもそも無理という人は、まず対象から外した。その上で、ある幹部の団員を訪れ、私の側であれ共産党の側であれ弁護は引き受けないことを条件にして、法律相談に応じてもらった。袴田判決の構造やそれを覆すことの難しさは納得できたし、それ以上に、判例変更をめざすなら東京地裁に提訴すべきことや、共産党に気兼ねが生じやすい自由法曹団員よりも、行政法専門の真面目な弁護士が望ましいことなどを教えてもらい、平さんにお願いするのを決断することができたという経緯である。

●映画「宮本から君へ」助成金不交付訴訟で中心にいた人

平さんは、言論表現の自由を専門分野とする弁護士であり、出版の自由と結社の自由の関係が問われる私の裁判では最適である。しかも、この間、裁判で大きな成果を上げてきた。その最近の代表格とも言えるのが、映画「宮本から君へ」の助成金不交付訴訟である。

これはどんな裁判だったのか。映画「宮本から君へ」に対して、文科省所管の日本芸術文化振興会（芸文振）が2019年3月、1000万円の助成を決めていた（文化庁の予算である）。しかし、出演者の一人（ピエール瀧）が麻薬取締法違反罪で7月に有罪となったことで、芸文振は、助成金を出すことは「国は薬物犯罪に寛容である」という誤ったメッセージを出すことになり「公益性に反する」として、助成金の不交付を決定した。これに対して、製作会社「スターサンズ」が芸文振を相手に12月、不交付決定の取り消しを求めて提訴したものだった。

第一審（東京地裁）は原告が勝訴したが、第二審（東京高裁）は、「薬物乱用防止という公益性の観点からの不交付判断は著しく妥当性を欠くとは言えない」として、初審の結論を覆していた。しかし23年11月17日、最高裁第二小法廷（尾島明裁判長）は、不交付を妥当とした二審・東京高裁判決を破棄し、製作会社側の逆転勝訴が確定したという経緯である。ちなみに私が平さんを初めて東京の事務所に訪れて相談したのが、その4日後の21日であり、歴史的な快挙に祝意を表することとなった。

最高裁の判決は、裁判官4人全員一致の判断だった。判決は、公益の概念はそもそも抽象的で、助成対象の選別基準が不明確にならざるを得ないことを指摘する。そして、「不交付が広く行われれば、表現行為の内容に萎縮的な影響が及ぶ可能性があり、表現の自由を保障した憲法21条の趣旨に照らして看過しがたい」とした。その上で、公益の侵害を不交付の事情として重視できるのは、その公益が「重要」で「侵害の具体的な危険がある場合」に限られると制限したのである。

平さんは、この裁判の原告側の代理人弁護士であった。私が「中心にいた人と紹介してもいいですか」と問うと、「いや、中心ではありません」と謙遜するが、最高裁判決がくだされたあとの記者会見などでは、常に前列で伊藤真弁護士などと並んで座っていて、重要な役割を果たしたことが分かる。メルマガで写真をお見せできないのが残念だが、例えば毎日新聞社の「ひとシネマ」の関連ページにアクセスすれば見ることができる。若くてメガネをかけている人である。〈https://hitocinema.mainichi.jp/article/miyamotokarakimihe-traial〉

●「赤旗」がこの裁判の意義を「主張」で論じている

さて、大事なことは、この裁判の結果と共産党との関係である。私は、平さんに弁護を頼むことを決めていたので、共産党と「赤旗」が裁判のことをどう報道するのかを注視していた。だって、平さんが私の裁判で共産党を相手にして争う側に立ったとしても、平さんの仕事をちゃんと評価していれば、「反共弁護士」のような扱いまではしないだろうと思ったからだ。結論から言うと、破格の扱いだったと思う。

まず判決直後の21日（私が平さんと初めてお会いした日である）、「赤旗」が一般紙の社説に当たる「主張」を出した。「『表現の自由』守り抜く足場に」というタイトルで、「最高裁が芸術・文化への公的助成のあり方について判断したのは初めてです」とした上で、憲法21条の表現の自由の意義を重く受け止めたものだと評価した。ちなみに、憲法21条は、「集会、結社及び言論、出版その他一切の表現の自由は、これを保障する」としたもので、私の裁判で問われる「出版」の自由も含まれることは忘れないでほしい。「主張」は最後の部分で、政治的圧力と表現の自由の関係について論じている。大事なので引用しておく。

「今回の最高裁判決は、こうした政治的圧力を抑止し、芸術・文化分野の表現の自由を守る足場になります。

芸術表現には、時に体制を批判し、人々の価値観を揺さぶるものも含まれます。表現の自由が萎縮すれば、民主主義は窒息します。……

（「お金は出しても口は出さない」）この原則にもとづく助成制度を確立し、萎縮や忖度のない自由な創造活動の環境づくりが求められます。日本共産党は、綱領に『文化活動の自由をまもる』ことを掲げる党として、芸術家・芸術団体の方々と力を合わせます。」

●「赤旗」のほぼ1面を使って伊藤真氏のインタビューも掲載

これで十分だと思っていた。ところがさらに続きがある。最高裁判決からちょうど1か月後の12月17日、「赤旗」が3面のほとんどを使い、「映画『宮本から君へ』助成金訴訟」と題して、伊藤真弁護士のインタビューを掲載したのである。びっくりだ。

伊藤さんは、行政の決定を裁判所が批判することが稀なことをふまえ、この裁判を憲法を基準にして闘うことにしたと述べる。それを最高裁が受け止めたわけだ。伊藤さんの以下の言葉は重たいと思う。

「真正面から憲法の問題として、私たちの提起に応えてくれた。画期的なことです。憲法を堂々と訴え続けることで、とても良い判決を引き出すことができた。憲法を実社会で生かしていくことができるということが、この判決で証明されました。」

「一般的な『公益性』というようなもので表現を規制するのは、とりわけ権力や政府を批判する表現に対して萎縮や自粛する空気をつくってしまう。権力の側にジワジワと歩み寄ることで、文化・芸術の表現が戦争に加担させられた道を繰り返すことにもつながりかねません。それに対しこの判決は、自分たちが創りたいものを堂々と創ればいいと勇気づける、後押しするものです。」

共産党は歴史的に表現の自由を特別に重視しており、たとえ問題のある内容の表現であっても、法律や行政で規制するのではなく、言論を通じて解決することを重視してきた。しかしここ数年、表現の自由よりも表現規制の方向に傾いているのではと思わせる事態が、いくつか続いていた。2021年参議院選挙にあたり、「児童ポルノ禁止法」の対象を現行法の児童の「実写」から「描写物」にまで拡大するとした政策を打ち出し、共産党がアニメやマンガの法的規制に乗り出したと大騒ぎになったことがあった（のちに政策は訂正された）。最近では、埼玉県で行われた水着撮影会の禁止を共産党県議団が求めたこともある（平弁護士はXで共産党の対応を批判した）。

そういう経過もあったので、「宮本から君へ」の助成金訴訟の結果に対して、共産党と「赤旗」が明確な態度をとったことは大事だったと思う。その裁判で中心となった平さんに対して、共産党が「反共」などという言葉を使うことは絶対にないだろうと信じている。

●「いのちのとりで訴訟」で中心にいる憲法専門の弁護士

伊藤建《たける》弁護士は、私が裁判を闘う上で欠かせない人だということで、平さんが強く推薦していた方である。なぜ欠かせないかというと、憲法をフィールドにして活躍しておられ、私の裁判でもそれが争点になるからだ。憲法に関する著作もあるし、いくつかの大学で非常勤講師として教えてもいる。23歳ではじめたブログのタイトルが「憲法の流儀」というのも、若い頃からの熱意が感じられて、すごいなあと思う。

その伊藤さんだが、おそらく各地で、共産党員の弁護士、自由法曹団の弁護士といっしょに活動しているはずである。なぜなら、伊藤さんの現在の最大の仕事の１つは、「いのちのとりで訴訟」を憲法の視点で支えることにあるからだ。

いまから11年前の２０１３年、国は生活保護の切り捨てを決めて実行した。３年間かけて、生活扶助基準（生活保護基準のうち生活費部分）を平均６・５％、最大10％（年間削減額６７０億円）引き下げたのである。史上最大の生活保護基準引き下げであった。

これに対して現在、全国29の都道府県で、１０００名を超える原告が違憲訴訟を提起し、国・自治体を相手に裁判で闘っている。違憲訴訟なのだから、憲法に強い伊藤さんのような人が不可欠なのである。

なぜ「いのちのとりで訴訟」と言われるのか。それは、生活保護制度が憲法25条が定める生存権保障の岩盤となっている制度だからである。生活保護の基準は、最低賃金、就学援助、国民健康保険料の減免基準、公営住宅の減免基準等々にも連動している。生活保護を受けている人だけに影響するのではなく、保護を受けていない多くの国民の利益と直結しているのである。まさに〝命の砦〟としての役割を果たしているのだ。

●「全国の中心的弁護士としてめざましく活躍」

伊藤さんの事務所は富山にある。そして、富山にある「富山中央法律事務所」の弁護士とともに、この裁判の富山訴訟で頑張っている。

富山中央法律事務所の名前は、私にとってはきわめてなつかしい想い出である。１９６８年に設立され、当時の４大公害訴訟の１つであるイタイイタイ病の患者を救済するため、三井金属工業を相手に興した裁判の中心にいた事務所である。京都で弁護士をしていた近藤忠孝さんが家族ぐるみで富山に移住して立ち上げた。

１９７１年6月30日、富山地裁は公害裁判として初となる原告勝訴の判決をくだす。そして72年8月9日、名古屋高裁（金沢支部）判決で完全勝訴が確定し、翌日、三井金属工業の本社での交渉において、賠償に関する誓約書、土壌汚染問題に関する誓約書、公害防止協定書を締結するという大きな成果を収めることになる。

古い世代の活動家は覚えているだろうが、近藤忠孝さんは74年夏の参議院選挙で共産党の国会議員となった。その事実は、共産党が公害問題で先駆的な役割を果たしてきたことを象徴するものとして、その74年夏の参議院選挙を闘って入党した私の心に刻まれている。

伊藤弁護士は現在、そういう事務所の弁護士と一緒に、「いのちのとりで訴訟」を闘っているのである。そして今年1月24日、富山地裁は原告勝訴の判決を下した。ネットで検索すれば、伊藤さんが原告や他の弁護団とともに写っている写真などの容易に見つけることができる。

伊藤さんの活躍は富山だけにとどまらない。富山中央法律事務所のホームページでは、所属する弁護士の一人が、伊藤さんと富山訴訟の役割、意義をこう書いている。

「富山弁護団には、法的判断枠組み、司法審査の在り方等に関する主張立証につき、全国の中心的弁護士としてめざましく活躍している伊藤建弁護士がいます。

富山は、法的判断枠組みとデフレ調整という『いのちのとりで裁判』の『要』というべき主張立証について、それぞれの主張立証の中心となる弁護士がいるという意味で、いのちのとりで裁判の理論の中心地と言われることもあります。……

2023年11月30日には、伊藤建弁護士や私も審理に中心的に関わった名古屋訴訟において、名古屋高裁は、全国で初めて、国家賠償まで認める画期的な完全勝訴判決を言い渡しました。」〈http://www.tomiho.co.jp/column/columnentry.php?eid=00085〉

●党派を超えた団結を壊してはならない

そうなのだ。「いのちのとりで訴訟」では、昨年11月30日、名古屋高裁で原告勝利の判決が下された。

国による生活保護減額措置の取り消しを求めただけではなく、初めて賠償まで認めたということで大きなニュースになったので、記憶しておられる方も少なくないだろう。伊藤さんは、ここでも裁判の中心におられたのだ。その伊藤さんを含む私の弁護団が、いかなる意味でも「反共」でないことは理解してもらえるのではないだろうか。

自由法曹団も、この名古屋高裁の判決が出たあと、声明を発表している。そこで、「正しく本件処分の違法性を断罪し、司法の職責を果たした重要な判決であり、自由法曹団は、本判決を歓迎する」と述べている。

この裁判は当初、地裁段階で1勝8敗と負けが先行し、心配されていた。しかしその後、名古屋高裁も含めて14勝4敗へと変化が生まれ、劇的な逆転が勝ち取られようとしている。最高裁で勝利すれば、国民の生存権を確保するのに貢献したとして、歴史に語り継がれる判決となるはずである。

原告も弁護団も党派を超えて団結して頑張っている。自由法曹団もそれを評価している。その時に、自由法曹団の幹部が、「あの弁護士は反共だ」などという言葉を投げつけ、団結を阻害してはならない。私はそう思う。

第６号

（2024.4.11）

判例変更に挑んできたのは共産党員と自由法曹団だ

さて、前回のメルマガでは、自由法曹団の常任幹事である神原元弁護士が、私の弁護団に対して「反共の匂いがプンプンします」と決めつけをしていることを取り上げた。神原氏は、私の弁護団にもう１つの批判を加えている。

「功名を得たい若い弁護士たちが嬉々として協力する……。若い弁護士たちの目標は判例変更なんですよ。袴田事件判決の変更。それで判例史に名を残すのが彼らの目的です。松竹氏は少なくとも建前上共産党を立て直したいと裁判に臨むのでしょうけど、弁護士たちの思惑が別のところにある以上、そういうことを目的にした裁判になるはずがありません。」

「反共の匂いがプンプンします」という弁護団批判は、この文脈で出てくるものだ。私が共産党の立て直しを目的にしていたとしても、弁護士の目的は判例変更なので、裁判ではそっちが主目的になるだろうというものである。

まず、建前上という限定付きではあれ、私が共産党を立て直したいと考えていることを紹介してくれたことには、この場をお借りして心から感謝したい。ただし、その願いは建前ではなく、まごうことなき本音であることはお伝えしたい。

一方、前回のメルマガで書いたように、私の弁護団は「反共」ではなく「親共」ではあるとはいえ、共産党を立て直したいという私の目的にまで賛成してもらおうとは思っていない。それが裁判のために必要だとも思わない。

では「判例変更」の問題はどう考えるべきか。袴田事件の判例を変更することで、弁護士が「判例史に名を残す」のは、こうやって批判されるべきものなのかということだ。

前提的なことで言うと、判例変更は、私自身の目的でもある。メルマガの第1回目で書いたことだが、規約違反で党から調査を受けた際、その場で私は「共産党という政党が党員の言論をどこまで制約できるのかと、憲法上保障されたものを、私的な結社の自由という問題との絡みで、裁判になってそれで確定的な判決を得られるっていうのは大事なことだと思っているんです」と述べている。そう考えていることは、平弁護士と最初に会った際にも表明している。

これに対して、平さんからも同様の表明があった。そこで裁判の目的が一致したのだ。

常識的に考えて、最高裁のいろいろな判例のなかには、肯定できるものと否定しなければならないものと、両方があるのではないか。肯定できるものは守らなければならないし、否定しなければならないものは「判例変更」に挑戦する。ただそれだけのことだと私は思う。

戦後の日本では、日本国憲法が制定されて個人の人権を尊重する規範が生まれたが、戦前の法的な規範も戦後に生き残った。その結果、人権を侵害する行為が横行し、少なくない人が憲法価値の実現を掲げて判例変更のために裁判に訴えることになる。本日は、私の裁判で判例変更をめざすことの意味を理解してもらうためにも、解雇規制の問題を主な題材にして、戦後史における判例変更の意味を論じておきたい。

●現在では合理的な理由のない解雇は不法だとみなされているが

現在の日本で、企業が働く労働者を解雇しようとした場合、いろいろな制限があるのは当然のこととして知られている。例えば労働契約法第16条は次のように定めている。

「解雇は、客観的に合理的な理由を欠き、社会通念上相当であると認められない場合は、その権利を濫用したものとして、無効とする。」

このような法律があるので、労働者が能力不足だからといって、それだけで解雇することは認められていない。数年前の東京地裁判決はこう述べている。

「まずは使用者から労働者に対して、使用者が労働者に対して求めている能力と労働者の業務遂行状況からみた労働者の能力にどのような差異があるのかを説明し、改善すべき点の指摘及び改善のための指導をし、一定期間の猶予を与えて、当該能力不足を改善することができるか否か様子をみた上で、それでもなお能力不足の改善が難しい場合に解雇をするのが相当である。」（Zemax Japan事件　東京地方裁判所判決 令和3年7月8日）

これは普通解雇の場合であるが、企業業績が悪化して大規模な人員削減を行ういわゆる整理解雇の場合にも、それなりの制限がある。いわゆる整理解雇4要件と呼ばれるものだ。

1つは、どうしても人員を整理しなければならない必要性があることだ。そうしないと企業が存続できないような場合のことであって、生産性を向上させるためなどの目的では解雇は許されない。

2つは、解雇を回避するための努力がされていることだ。例えば、希望退職者をまず募集するとか、役員報酬をカットするとか、配置転換なども実施した上で、それでもなお企業の存続にかかわるような危機がないと解雇してはならない。

3つは、解雇する人々が合理的に選ばれていることだ。労働組合員が主に解雇の対象になるなどのことがあれば、組合つぶしの目的で解雇することを疑われるので、許されない事例となる。

4つは、解雇手続の妥当性があることだ。解雇される人々、労働組合を十分に協議し、納得を得られるような努力をしなければならないということである。

いまの時代に生きる我々は、こうした考え方を当然のことだと考えている。けれども、こうした考え方が確立するには、長い間の人々の闘いがあったのだ。判例変更も伴うものだった。

●戦前は日本でも世界でも資本主義の原理から解雇は自由にできていた

厚生労働省は何年かに一回、『労働基準法』という本を編纂する。現行は令和3年版であるが、何十年もの間、本の冒頭に出てくるのは、いつも同じ以下の言葉である。

「資本主義社会の法的秩序の根幹をなすものは、私有財産制と契約自由の原則である。」

とりあえず「私有財産制」は対象としないが、我々は資本主義社会で暮らしており、その原理原則からは逃れられない。そして、その原理原則を法律であらわすとすると、「契約自由の原則」になることが書かれているわけである。

なぜ『労働基準法』にこの原理原則が出てくるかと言えば、「契約自由の原則」には、当然のこととして労働契約の自由も含まれるからである。労働契約が自由だということは、労働者が退職するのも自由だが、経営者が解雇するのも自由だということだ。

明治憲法のもとで、この原則が民法に取り入れられる。だから民法は、雇用契約はいつでも解約通告できることを定めたのである（627条）。ここには、資本家も労働者も対等平等な個人であるという、現実をゆがめた認識が背景にあった。

日本だけが遅れていたわけではない。だって資本主義社会の原理なのだから、万国共通である。国際労働機関（ＩＬＯ）の条約を見ても、結成時に第1号条約として1日8時間週48時間労働条約をつくって労働時間の規制に踏みだしたことは、よく知られていることである。ところで、第2号条約は「失業に関する条約」なのだが、いまの視点でタイトルを見ると失業を防ぐために解雇規制でも規定しているのかと思いがちだ。しかしまったく異なる。失業保険制度を創設することと、無料の職業紹介所をつくるというだけのものであった。

労働時間を制限する条約ができるということは、少なくとも雇用契約の内容は使用者の自由ではなくなったことを意味していた。しかし、企業にとっては、雇いつづける労働者への責任は否定できなくなっても、雇うか雇わないかの権利は、資本主義社会の原理ともかかわる手放せないものだったのである。

●戦後の裁判でも当初は解雇自由だったが判例変更を勝ち取ったのだ

戦後になっても変化は簡単には訪れなかった。資本主義社会の原理なのだから、そう容易には変えられるはずがない。

日本について見れば、変化を促す要因として、個人の人権を尊重する日本国憲法が制定されていた。新憲法にもとづいて、1947年に明治時代に制定された民法の改定された。しかし、そこで変わったのは、例えばいまNHKの朝ドラでやっているのと重なるが、憲法の男女平等規定に反する妻の無能力者規定などであり、契約自由の原則に立った明治憲法時代の民法規定は、そのまま残ったのである。

この結果、戦後すぐの日本では、解雇などやり放題であった。民法で解雇自由だと書いているのだから、当然である。しかも当初、裁判所も企業の味方をしていた。例えば1953年の大津地裁の判決は、民法の規定を持ちだし、「解雇は……契約当事者の自由に行使し得る権利である」から、「解雇には別段の理由を要しない」と判示したのである。憲法で人権が規定されたからといって、実際に人権が保障されることとの間には、大きな距離があったのだ。

世界を見渡しても大きな変化は生まれなかった。労働時間に関しては、第1号条約に続いて、週休を定める条約（第14号）や年次有給休暇に関する条約（第132号）などがつくられる。しかし、解雇規制に関しては、ILO条約がつくられない状態が継続した。労働時間を規制することは、各国が同じ地平で競争することになるので、企業にとっても実利があったということだろう。一方、解雇の規制は、やはり「契約の自由」という資本主義の原理を崩すものであり、企業には受け入れがたかったのである。

1970年代になって、ようやく変化が訪れた。ヨーロッパでは、ドイツの解雇制限法（69年）、イタリアの労働者憲章法（70年）、フランスの労働法典（73年）、イギリスの雇用保護法（75年）などで、解雇規制が立法化される。

一方の日本では、なかなか立法化まではされない。しかし、解雇された労働者が解雇の撤回を求めて裁判に訴え、国民的な支持を得て闘いを続けることになる。その結果、75年4月25日、最高裁判所において、合理的な理由のない判決は無効であるとする、以下の判決が示されたのである。

「使用者の解雇権の行使も、それが客観的に合理的な理由を欠き社会通念上相当として是認するこ

とができない場合には、権利の濫用として無効になる。」（日本食塩製造事件）

この考え方は、その後、30年以上を経て、労働契約法（２００７年）に取り入れられていく。日本の場合、まず憲法の人権規定を根拠とした労働者の闘いがあり、それが明治憲法時代の考え方にもとづく判例変更を促し、それがさらに法律になっていくという過程を通ったのである。憲法価値を実現するための判例変更の大切さは明らかだろう。

大事なことは、この闘いの先頭に立ったのは、資本主義の原理を否定していたが故に、企業からは解雇されがちであった共産党員だということである。また、それを裁判で支えたのは、自由法曹団の弁護士だったということである。神原氏の先輩たちだ。

●企業の社会的責任を明確にする国民的な闘いのなかで

すでに述べたように、労働契約の自由という考え方の背後にあるのは、資本主義社会では、資本家も労働者も対等平等な個人であるという、現実をゆがめた認識であった。合理的な理由がない限り解雇をしてはならないという新しい考え方は、この認識を事実上変更したものであると言える。

その変更を促したのは、60年代末から70年代にかけての各種の国民的な闘いであった。その闘いのなかで、企業には特別の社会的責任があるという考え方が生まれたのである。

例えば公害問題。当初、公害の発生に際してつくられた公害対策基本法（67年）は、生活環境の保全策について、「経済の健全な発展との調和が図られるようにするものとする」という原則でつくられていた。公害対策は経済発展と調和する範囲内というものだ。

しかし、前回のメルマガでも紹介した公害訴訟ではこの考え方が鋭く批判され、それが判決にも反映していく。例えば、イタイイタイ病訴訟がされた富山のお隣の新潟水俣病訴訟（第1次訴訟）の地裁判決（確定判決。71・9）は、こうなっている。

「最高技術の設備をもってしてもなお人の生命、身体に危険が及ぶおそれがあるような場合には、企業の操業短縮はもちろん操業停止までが要請されることもあると解する。けだし、企業の生産活動も、一般住民の生活環境保全との調和においてのみ許されるべきものであり、住民の最も基本的な権利ともいうべき生命、健康を犠牲にしてまで企業の利益を保護しなければならない理由はないからである。」

公害対策基本法と同じ「調和」という言葉は使われているが、意味は正反対だ。経済発展と調和する程度に公害対策を止めるのではなく、国民の命にかかわるような場合は、企業の利益は保護しなくてもいいというものになったのだ。その後、共産党の国会議員になるような自由法曹団の弁護士が、こういう判決を勝ち取っていくのである。

このような国民世論を背景にして、国会の法務委員会は企業の社会的責任を立法化せよとの決議を採択していく。衆議院の決議（73・7）は「企業の社会的責任……についての所要の改正を行うこと」を、参議院の決議（74・2）は「大規模の株式会社については、……企業の社会的責任を全うすることができるよう、……政府は、速やかに所要の法律案を準備して国会に提出すること」を、それぞれ求めた。

ただし、この種の法改正は実現しなかった。経団連は、利潤の獲得がなければ税金も納められず、利潤はすべて社会に還元されるのだからとして、強硬な反対論を展開する（75・12）。政府は経団連に同調した。その後、財界の反転攻勢と国民の闘いが対峙する時代がずっと続くことになる。「合理的な理由のない解雇は許されない」という75年の最高裁判例の中身が立法化されるのは、既述のとおり、２００７年の労働契約法の制定まで待たねばならなかった。

なお、ＩＬＯが解雇規制条約をつくったのは、ようやく１９８２年になってからである。この年、「使用者の発意による雇用の終了に関する条約」（第１５８号）がつくられる。以下のように、「妥当な理由」がない限り解雇してはならないとする、画期的な内容となった。

「労働者の雇用は、当該労働者の能力若しくは行為に関連する妥当な理由又は企業、事業所若しくは施設の運営上の必要に基づく妥当な理由がない限り、終了させてはならない。」（第４条）

これは日本の労働契約法第16条と同じ考え方である。しかし、条約はさらに先をいく内容を含んでおり、それ故、日本では批准されていない。

●日本国憲法の原理に優るものはないという見地を貫いて

要するに、何が言いたいかというと、この日本には、まだまだ明治憲法時代を引きずった古いものが残ってきたということだ。人権に対する考え方も古いし、資本家も労働者も対等平等だという古い資本主義観も残っきたということだ。個人の人権保障という高みに立った日本国憲法をふまえ、国民的な闘争でそれをアップデートしてきたけれども、なお憲法の価値の実現を妨げる古いものが残っているのである。

共産党袴田事件の最高裁判例に見られる部分社会論は、判例変更が求められる最大のものであると私は考える。神原弁護士の考え方には、この点で私と共通するところがあると思われるので、次のメルマガはその問題を論じたい。

なお、付け足しになるけれども、資本主義の原理である「私有財産制」も、「契約自由」に続いて、国民の闘いのなかで判例変更が迫られてきた問題である。阪神大震災のとき、あれだけ大規模な家屋の倒壊があり、住民が家を失って困窮しているのに、政府は「私有財産制」の原則を盾にして、財産権は奪うこともできないが加えることもできないという論理で、住民を助けようとしなかった。それに対する闘いが高まり、撤去費用の公費負担から始まって、住宅再建そのものへの補助へと発展していったわけである。

どんな「原理」であっても、日本国憲法の原理に優るものはないという見地は、常に貫かれなければならない。

第７号

（2024.4.18）

共産党の弁護団は「部分社会の法理」にしがみつけるのか

私の裁判の第1回期日について、４月25日（木）の午前10時半から第４２１号法廷でとお知らせしていたが、被告である共産党からの要請で大幅に延期された。調整の上、最終的に、６月20日（木）午後2時からと決まった。場所は同じである。その日の傍聴、関連イベントの日程などについては別途お知らせするので、よろしくお願いします。

共産党側の弁護人も判明した。以下の方々である。

①小林亮淳（弁護士法人西むさし法律事務所）
②長澤彰（杉並総合法律事務所）
③加藤健次（東京法律事務所）
④尾林芳匡（八王子合同法律事務所）
⑤山田大輔（第一法律事務所）

このメルマガで2回にわたって取り上げた神原元氏は含まれていない。じつは、今回のメルマガでは、神原氏は弁護団には含まれないだろうという予想を書こうと思っていたのだ。なぜそう思っていたかというと、神原氏は私の弁護団に対して「反共の匂いがプンプン」などの批判をしており、弁護士のなかでは唯一といってもいいほど、裁判での共産党の勝利を願う気持を公然と表明する人なのだが、同時に、こうも書いていたからだ。

「『部分社会の法理』は古くさいので判例変更されてもやむを得ないでしょう。」

「部分社会の法理」というのは、一般にはなじみのない言葉であるが、私の裁判では中心的な概念である。一言で言えば、国民個々人が団体（部分社会）の規約等を承認して加入した場合、規約を守らない個人に対する処分を団体が自律的に決めるのは当然であって、そこに司法の審査権は及ばないとするものである。この考え方が判例として確立してきたので、メルマガの第2号で紹介したように、私の提訴に対して共産党が以下のようなコメントを出したのである。

「そもそも、政党が『結社の自由』にもとづいて自律的な運営を行うことに対し、裁判所の審査権が及ばないことは、1988年12月20日の最高裁判決でも確認されていることでもあり、このような提訴は、憲法にてらしても成り立たないものである。」

つまり、部分社会の法理は、共産党が私との裁判で勝利しようと思えば、唯一と言っていいほどの味方なのである。そして私は、自分の裁判で勝利するため、この法理を突き崩そうとしている。その争いのなかで、神原氏は「『部分社会の法理』は古くさいので判例変更されてもやむを得ない」と述べたのだから、たとえ神原氏の裁判にかける意欲がどれほどのものであれ、共産党としては弁護人として採用することはできなかったと思う。

ということは、今回の共産党側の5人の弁護団は、どの人も部分社会の法理を支持しているのだろうか。袴田事件の判例は変更すべきでないという立場なのだろうか。もちろん共産党を弁護しなければならないので、法廷ではそう主張するだろうが、本音でそう言える弁護士は、神原氏がそうであったように、少なくとも人権派を自認する人のなかにはほとんどいないのではなかろうか。部分社会の法理は私の裁判の中心概念なので、メルマガでは何回も立ち返ることがあると思うが、今回は「人権派弁護士にとっての部分社会の法理」にテーマをしぼって取り上げたい。

●自由法曹団が重視した香芝市議会出席停止差止め事件

共産党の5人の弁護団が属する自由法曹団のホームページには、「団通信」なるものが掲載されている。以前は紙の媒体だったものが、2019年以来、ウェブ上のものとなった。団員が闘っている裁判事例を中心として、安全保障などをめぐる理論政治問題もあれば学習会の報告もあり、興味深い中身が満載である（昨年11月以来発行が途絶えているが理由は分からない）。

2022年の秋、その団通信の1791号（10・21）に、奈良の団員である宮尾耕二氏が寄稿した。「議会多数派の横暴を許すな！——香芝市議会出席停止差止め事件」というタイトルで、トップに掲載されている。

「香芝市議会出席停止差止め事件」と言われても、多くの人は知らないだろう。私だって、自分が裁判することになるまで、まったく知らなかった。舞台は奈良県にある香芝《かしば》市で、事件の当事者は共産党の青木恒子市議会議員である。宮尾氏の寄稿によると、事件の始まりはこうだった。

「昨年（2021年）12月14日、奈良県香芝市福祉教育委員会。

青木恒子議員『私も困った市民の方々と一緒に窓口にもいかせていただきましたが、窓口の方も本当に市民の暮らしが大変、国保料を払うのも大変という意見は出ていました。』

K市議会議長『…国民健康保険料とか、生活保護とか、そういったところに議員が窓口にやってきて、かなりの圧力をかけたという問題が昔にあったんです。…今後、議員がそういった窓口に同行していくことは禁止するということで香芝市議会で決められました…。その根拠となるのが、これは香芝市政治倫理条例です…。』

青木議員『政治倫理条例の何条に入っているんでしょうか、議長』「議員に対する圧力だというふうに私は今感じました。私の気分がそうです。それが何か、ある意味ちょっとパワハラのように聞こえたから言ってるだけです。』

青木議員のこの発言に対して、それがK議長に対する誹謗中傷、委員会の秩序を乱す行為等々理由を列挙して、K議長派の5名が懲罰動議を行った（香芝市議会の定数は16名）。これを受け、同市議会懲罰特別委員会と本会議は、青木議員に対して陳謝の懲罰を科すこととした。

しかし、青木議員は、これは内心の自由に反する内容であるとして、議会の準備した陳謝文の朗読を拒否した。」（引用終わり）

こうして2022年は、青木議員の陳謝文の朗読拒否→それを理由とする陳謝処分→陳謝文の朗読拒否が繰り返されたのだが、4回目で事件は急展開する。8月になって、議会懲罰委員会が「出席停止8日」の処分を決定しようとしたのである。これに対して、青木議員は、処分の差し止めを求めて提訴するとともに、処分の仮の差し止めを求める申し立てを行う。9月になり、地裁は申し立てを認め、議会に対して処分をしないよう命じる。それにもかかわらず議会が出席処分を強行したので、青木議員は処分の不当と損倍賠償を求める裁判を起こしたというのが、この事件の経緯だ。

●共産党も自由法曹団も「部分社会の法理」と闘ってきた

地裁の判決は今年1月16日にくだされた。他でもない「赤旗」（17日付）が、「党市議出席停止処分は違法　香芝市に賠償命令　奈良地裁」という見出しで、こう報じている。

「奈良県香芝市の青木恒子市議（69）＝日本共産党＝が議会から受けた出席停止処分は不当だと訴えていた裁判で、奈良地裁の寺本佳子裁判長は16日、処分は違法だと認める判決を言い渡しました。

香芝市に対し損害賠償金33万円を原告に支払うよう命じました。

青木氏は裁判所近く（奈良市）で、駆け付けた支援者らに『議会の中では孤立を感じたが、（市民ら）大勢の応援があり、〝ダメなものはダメ〟と言ってきてよかった』と感謝を述べました。弁護団は判決について『当然かつ妥当だ』とする声明を発表し、市議会運営と生活保護窓口行政の正常化を強く望むと訴えました。21日に香芝市で勝利報告集会が予定されています。

青木氏は２０２１年12月に『生活保護申請への議員同行は禁止だ』とする議長に疑義を呈し、それを理由に議会多数派から繰り返し陳謝文朗読の懲罰を迫られました。青木氏はこれらをすべて拒否し、22年８月に出席停止の動議が出されたため提訴。裁判所が仮差し止めを認めたため一度は取り下げられました。

ところが同12月、議会多数派は裁判所の警告を無視して出席停止処分を強行。青木氏は差し止めから損害賠償に請求を変更して裁判をたたかっていました。」

さて、なぜ長々とこの事件を取り上げてきたかというと、私の裁判で争点となる「部分社会の法理」そのものが争われた事件だからである。そして、共産党市議も自由法曹団も「赤旗」も、この法理を突き崩す立場で闘ったからである。

地方議会による議員に対する処分（懲罰）は地方自治法で定められている。軽い順に戒告、陳謝、出席停止、除名である。あまりメディアで騒がれることはないが、かなりの件数の処分がされているようだ。その多くは、地方議会の多数派が気に入らない少数派に対して行うもので、道理のない処分が少なくないとされる。

そういう現状を許してきたのが、部分社会の法理であった。処分された地方議員が裁判に訴えても、裁判所は長い間、憲法で規定された議会の住民自治原則を尊重すべきだとして（これが部分社会の法理である）、除名を除いては司法審査の対象にならないとしてきた（最高裁の1960年10月19日の判決）。この判例があるため、道理のない処分がされても、地方議員は泣き寝入りするしかなかったのである。

しかし、2020年11月25日年、この判例が変更された。宮城県の岩沼市議会が行った出席停止処分をめぐり、最高裁は議員の訴えを認め、出席停止処分は違法だと判断した。司法審査の対象に加えたのである。

奈良県香芝市の共産党議員の損害賠償を認めた今年1月の判決は、この判例変更を力にして実現したものである。冒頭に紹介した自由法曹団の団通信を見ても、この最高裁判決について、「行政法の世界で知らぬ者はない画期的判決」と高く評価している。実際、仮の差し止めをめぐって争われた際、市議会が部分社会の法理を振り回してくるのに対して、地裁が「陳謝拒否をもって議員活動に対する制約の大きい出席停止の処分を科すのは、裁量権の範囲を超え、またはその乱用と一応認められる」として、最高裁判決の論理で対抗したのだった。

部分社会論は、この事例に特徴的なように、多くの場合、団体の多数派が少数派を抑圧する際に使われる。それに対して少数派の権利を守ろうとすれば、この法理を崩さなければならない。人権派で名高い神原弁護士が、「『部分社会の法理』は古くさいので判例変更されてもやむを得ない」と述べたのは当然なのである。

●神戸市の灘民商をめぐり共産党の部分社会論が争われている

地方議会の分野では、こうして共産党や自由法曹団の奮闘もあって、部分社会の法理は崩れ去った。宗教団体の分野でも、共産党や自由法曹団は、信教の自由を盾にした統一協会などの横暴に対して、信者や二世の権利を擁護する立場だろう。宗教団体（部分社会）だから司法の審査が及ばないなどとは、毫も考えないはずだ。部分社会論への固執は、本来、共産党や自由法曹団の立場ではないと感じる。

しかし、それでも共産党の弁護団は、この裁判で部分社会論を擁護するしか選択肢がない。けれども、すでに崩れた分野があるので、一般的な擁護論では難しい。ということで、考えられるとすると、政党だけは特殊という論を立てることである。

ここで登場するのが共産党の5人の弁護団だ。とりわけ尾林芳匡弁護士は、そのために選任されたと思われる。いま別の事件でも政党の部分社会論が争われているのだが、尾形氏はその裁判でも共産党中央委員会の代理人弁護士となり、原告側の主張を崩すために全力を尽くしているからだ。

どんな事件かといえば、兵庫県神戸市灘区（私が小学校1年から高校3年までを過ごした懐かしい場所である）の民主商工会（灘民商）の事務局員だった女性（Tさん）が、共産党から除籍されたことをめぐるものである。Tさんは、昨年4月の兵庫県議会議員選挙に共産党から立候補したが落選。その後、灘民商から解雇され、その事情を調査するためとして党からは権利制限の処分を受けていた。それに対してTさんは当初、灘民商を相手に解雇無効の労働審判手続の申し立てを行うとともに、共産党を相手に権利制限処分無効確認を求め神戸地方裁判所に提訴した。一方の共産党は、裁判となったことを受け、党内問題を機関に相談することなしに訴訟を行うのは党規約違反であり党員としての資格を失っているとして、Tさんを除籍処分にしたのである。その結果、Tさんが起こした裁判の性格も変わることになる。党員としての権利制限の無効を問うものから、除籍処分の無効を問うものにへと変更され、部分社会論が争点として浮上してくるのである。

●尾林芳匡弁護士が書いたと思われる政党特殊論

Tさんの側は、当然のことであるが、このメルマガでも紹介した地方議会の出席停止処分を最高裁が無効だと判断した事例を持ちだし、除籍の無効を訴えている。これに対して、共産党弁護団の尾林氏がかかわったと思われる答弁書（2024・1・26）では、一般的な反論に加えて、「さらに補足すると」として、次のように政党特殊論を展開している。〈https://kiharalaw.jp/wp-content/uploads/2024/01/a59655cc15e9813f8e731fdb8bdf6021.pdf〉

「さらに補足すると、種々の団体の内部的自律権について司法審査がおよぶか否かについては、その団体が『部分社会』であるとひとくくりにして判断するべきものではなく、それぞれの団体の自律性・自主性を支える憲法上の根拠などを個別具体的に検討するべきものである（最高裁判所判例解説73巻10号　１８９～１９２頁）。そして政党については、昭和63年最判の判示するような政党自身の性質・国および地方政治における機能、憲法21条の集会・結社・言論の自由が保障されるべきことから、自律的な内部統制には及ばないとすべきである。昭和63年最判の事案は、元政党幹部の使用していた家屋の明渡し訴訟という事案であったため、家屋の使用権という一般市民法秩序に関係するものであったが、本件は除籍措置の無効を争うものであり、まさに内部的な統制問題である。」

私の裁判の訴状は、この水準の議論ならば、容易に克服できるだけの論理構成になっている。とはいえ、相手も訴状にあわせて論理をアップデートさせてくるだろうから、こちらも真剣に考える必要があるだろう。このメルマガは、共産党側の弁護士も読んでいると思われるので、どこまで手の内を見せるかは、なかなか難しい判断になる。

とりあえず１つだけ指摘しておくと、政党特殊論の根拠として憲法21条を持ち出しているのは、やはり憲法に根拠がないと特殊論を構成できないと判断しているからだと思われる。しかし、地方議会の処分の場合も憲法の地方自治（第８章）が根拠になっていたし、宗教団体の部分社会論も憲法の信教の自由（第20条）が根拠である。それに比べれば、結社の自由は「政党」を明示的に規定しているわけではないので、特殊論を支える憲法上の根拠としては弱いと言わざるを得ない。

なおこの部分だが、答弁書では「憲法21条の集会・結社・言論の自由が保障されるべき」と書かれている。しかし、実際の21条は「集会、結社及び言論、出版その他一切の表現の自由は、これを保障する」となっている。つまり答弁書では、表現の自由として例示された4つのうちから、「出版」だけを抜かしているのである。これって、私が裁判で出版の自由を訴えるので、そこが目立っては困るという心理が働いた結果だろうか（まさかね）。

●「判例変更」の先駆＝加藤健次弁護士

なお、共産党の弁護団5人を私のブログで紹介したところ、加藤健次氏が入っていることについて、ネットでは「予想通りだが、残念」などの声があがった。私は存じ上げなかったのだが、労働問題ではかなり著名な方のようである。とりわけ、「堀越事件」で最高裁判決を覆すような判決を得たということで、弁護士としての能力への評価が高い。

この事件は、社会保険事務所に勤めていた堀越氏が、休日を利用して「赤旗」号外を配っていたところ、国家公務員法・人事院規則で禁止されている政治的行為だとして起訴されたものである。この問題では1974年、いわゆる猿払事件最高裁判決が出されており、「公務員の政治的中立性を損なうおそれがあると認められる政治的行為を禁止することは」「公務員の職種・職務権限・勤務時間の内外を区別することなく」徹底されるべきだというものだった。この判例を覆して堀越氏の無罪を勝ち取ったのだから、加藤氏の力おそるべしというところだろう。

ただ、私としては、加藤氏もまた、言論表現の自由のための戦士であることに注目したい。この事件において東京高裁が逆転勝訴の判決を出した際、加藤氏はこう述べたとされる（「赤旗」２０１０年４月４日）。

「同事件で、東京高裁が逆転無罪判決を出したことについて『一連の言論弾圧事件で、表現の自由を守る立場から無罪判決が出たのは初めてだ。日本の司法に変化の芽が出ているといえる』と、評価しました。

また『今回の判決があっても言論表現の自由について、裁判官の認識は希薄。権利を定着させるためにもビラ配布の権利を行使していくよう呼びかけたい』と訴えました。」

言論表現の自由を大切にする弁護士なのである。私の裁判で判例変更されたとして、共産党の弁護人としてはきびしい批判を加えるだろうが、判例変更の先駆者として心のなかでは許容してもらえたら、とてもうれしい。

第８号
（2024.4.25）

反・安保自衛隊の団体をつくる自由が奪われるのか

自由法曹団の常任幹事である神原元弁護士の発言にかかわる問題の最後である。前回の記事では、「『部分社会の法理』は古くさいので判例変更されてもやむを得ないでしょう」という神原発言を積極的に評価した。ということは、判例変更は容認できるが、私の除名は裁判で覆ってはならないというのが、神原氏の立場なのである。その論理を知るために、まず神原氏の関連発言をすべて引用しておこう。

「何度でも言いますが、松竹氏が共産党を訴えた案件、我々は共産党を支持すべきです。そうでなければ、我々は安保自衛隊に反対する団体を作る『結社の自由』を否定され、多数派の言いなりになるしかなくなるのです。」

「松竹裁判を裁く最高裁が安保自衛隊容認派であることを忘れてはなりません。最高裁が共産党の味方をすることはあり得ません。」

「『部分社会の法理』は古くさいので判例変更されてもやむを得ないでしょう。そうだとしても適正な除名は有効性があると思うし、今回の松竹氏のケースで除名が有効なら広く団体の裁量権が認められたことになると思います。」

「もし自由法曹団が安保自衛隊容認の立場になったら俺はさっさと辞めると思う。別に自由法曹団が人生の全てじゃない。組織と個人は別であり、嫌になったらさっさと辞めるのがお互いのためだ。」

神原氏も判例変更は容認しており、私の弁護団もそこをめざしているの。この点では神原氏と大きな違いはないことになる。是非、部分社会の法理の判例変更をめざし、一緒に活動したいものである。また、それに続いて神原氏が書いているが、「そうだとしても適正な除名は有効性がある」ということも賛成である。私も、共産党が規約で除名を位置づけていることには賛成だし、除名しなければならないケースがあることも理解している。けれども、私の場合に限っては、除名はおかしいと言っているだけである。

となると、神原氏と私では、いったい何が違うのだろうか。結局、神原氏が言いたいのは、私が裁判で勝利すると、「我々は安保自衛隊に反対する団体を作る『結社の自由』を否定され」るということであろう。部分社会の法理は見直す必要があるが、その結果として私の党員としての地位が確認されてしまうと、共産党は安保自衛隊問題で真逆の意見を抱え込むことになって、安保自衛隊反対の党としての結社の自由が侵されるという懸念があるのだろう。

しかしそれは杞憂だ。神原氏は「もし自由法曹団が安保自衛隊容認の立場になったら俺はさっさと辞めると思う」と書いているが、私だって「もし共産党が安保自衛隊容認の立場になったら私はさっさと辞める」だろう。だから、その点でも神原氏と私は同じなのだ。それなのになぜ、神原氏のような誤解が生まれるのか。今回の主題はその点である。

●共産党綱領は「安保条約廃棄以前の段階」を認めている

私は、憲法で規定された結社の自由をふまえて結成された日本共産党が、まさに自由に自律的につくった綱領で掲げた目標を実現するための党になることを願っている。「綱領をそのまま実践する共産党」——私の願いはそれに尽きると言っていいほどだ。

では、共産党綱領は、安保自衛隊問題についてどう述べているのか。現在の綱領は、安保自衛隊問題に関して何か所か記述しているが、その廃止という点にしぼると3つの段階を経てなくしていくという見地に立っている。私はそれに何の疑問ももっていない。

第1段階＝「安保条約廃棄以前の段階」

第2段階＝「安保条約を廃棄する段階」

第3段階＝「自衛隊も解消に向かう段階」

「安保条約廃棄以前の段階」があると言われると、綱領のどこにそんな規定があるのかと疑問に思う人もいるかもしれない。そういう人には、まず共産党が昨年刊行した『日本共産党の百年』を読んで頂きたい。こういう記述があることを発見するだろう。

「……（２０００年に開かれた第20回党大会）では未解明の課題として残されていた憲法９条の完全実施に向かう道筋――自衛隊の段階的解消をめざす党の立場を明確にし、『日米安保条約廃棄前の段階』『日米安保条約が廃棄され日本が日米軍事同盟から抜け出した段階』『国民の合意で、自衛隊の段階的解消にとりくむ段階』という３つの段階で、憲法違反の自衛隊の現実を改革していく立場をあらたにしめしました。また、自衛隊が一定期間存在する過渡的な時期に、急迫不正の侵害、大規模災害など必要に迫られた場合には、自衛隊を国民の安全のために活用することを明らかにしました。この立場は、憲法９条の完全実施を国民合意で段階的に進めることと、国民の安全にたいして政治が責任を果たすことの両者にたいして統一的な答えを出すものでした。」

これだけでは大会決定の内容に過ぎない。綱領にはそんな記述はないと言う人も出てくるかもしれない。しかし、『日本共産党の百年』では、この記述につづいて、「大会決議の内容は、２００４年の綱領改定によって党綱領に明記されました」と明確に書いているのである。綱領の実際の記述は以下のようなものだが、これは「日米安保条約廃棄前の段階」をもうけることを指しているというのが、共産党の公式見解なのだ。

「自衛隊については、海外派兵立法をやめ、軍縮の措置をとる。安保条約廃棄後のアジア情勢の新しい展開を踏まえつつ、国民の合意での憲法第9条の完全実施（自衛隊の解消）に向かっての前進をはかる。」

●「安保自衛隊に反対する政党」は「日米安保条約廃棄前の段階」を認めてはならないか

第2段階では安保条約がなくなり、第3段階では自衛隊がなくなる。共産党と私はそこも同じ見地である。だから、私の党員としての地位が確認されて復党したとしても、神原氏が言う「安保自衛隊に反対する団体を作る『結社の自由』」は、いささかも傷つくことがない。何の心配もないのだ。

それならなぜ、神原氏はそんな誤解をしているのだろうか。2つの理由が考えられる。

1つは、除名の理由になった『シン・日本共産党宣言』において、私はあくまで第1段階でとるべき共産党の基本政策として「核抑止抜きの専守防衛」を提唱している。それなのに共産党は、私が第2段階でも第3段階でも安保自衛隊を堅持すると述べているかのように、私の主張を根本からゆがめて宣伝したからである。そのため、神原氏は3段階論のことを理解しているのだが、私の主張はそうではないと誤解をしているケースである。この場合、ただ誤解を解くだけでいいので、そう難しくないだろう。

もう1つは、共産党が「日米安保条約廃棄前の段階」、安保も自衛隊も維持する段階をもうけることを神原氏が知らないケースである。この場合、真実を知った神原氏は、共産党がそんな段階をもうけること自体を問題視する可能性がある。そして、そういうことではもはや「安保自衛隊に反対する団体（政党）」ではなくなったとして、私どころか共産党さえをも見限るかもしれない。

ここで考えなければならないのは、「日米安保条約廃棄前の段階」をもうけると、「安保自衛隊に反対する団体（政党）」ではなくなるのかということだ。共産党はそう批判されることを恐れて、自衛隊は段階的に解消するが、安保条約の問題では段階的廃止論をとらないと主張したりしている。そして、第１段階でも基本政策は安保廃棄だと言ったりもする。その結果、この問題は党員にとってさえも非常にややこしくなっており、整理することが求められている。

●「日米安保条約廃棄前の段階」はかなり長く続くから

この問題を考えることは、神原氏のような「安保自衛隊に反対する」個人、あるいは自由法曹団のような「安保自衛隊に反対する」市民団体にとっては、まったく不要なことである。個人や市民団体は、将来であろうが現在であろうが関係なく、あくまでそれぞれに固有の理想である安保自衛隊に反対する立場を貫けば良いのだ。「段階論」など入り込む余地はない。

政党であっても、「安保自衛隊に反対する」政権だけをめざすというなら、何も考える必要がない。選挙のたびに愚直にそう訴え、国民多数がその政策に賛同してくれるのを待てばいいだけである。

１９７０年代までの共産党は、社会党との間で「安保自衛隊に反対する」政権を樹立することを夢見て、そういう訴えを行っていた（分かりやすくするためにかなり単純化しているけれど）。

問題は、安保廃棄の政府がそれなりに現実味があった時代が終わり、かつ「安保自衛隊に反対する」国民が年を追うごとに減り続けている状況下で、安保自衛隊に反対する政党（個人や市民団体ではない）はどうすればいいのかということだ。自衛隊の縮小（廃止ではない）に賛成する人は、１９９０年代初めには20％程度はいたが、現在では４％程度になっている。安保条約に反対する世論は、94年の沖縄における少女暴行事件の際に40％を超えるまでに急増したことがあったけれども、いまや10％を切る数字が続いている。米軍基地の重圧に苦しむ沖縄でも、地位協定改定の世論は多数だが、安保廃棄が多数を占めることはないのが現実だ。

つまり、国民世論の現状をリアルに見つめると、「日米安保条約廃棄前の段階」はかなり長く続くのである（その背景には世論を変化させるほどの現実の変化があったのだが、今回のメルマガではそこまで言及しない）。そういう場合において政党に問われるのは、これまでと同じく「安保自衛隊に反対する」基本政策を掲げて政権をめざすのか、それは将来の課題として堅持しつつ、当面は別の政策を掲げて政権をめざすことに挑戦するのかである。私は、この選択肢のなかで後者を選び、「核抑止抜きの専守防衛」を基本政策として掲げ、その政策を実現する政権をめざすべきだと考えたということになる。

共産党も同じ道を選んだ（というか共産党が選んだので私もそれに続いただけである）。集団的自衛権を容認した新安保法制反対闘争を経て、２０１５年に志位氏が提唱した野党連合政府構想がそれである。

●政権をめざす政党のアプローチは個人や市民団体とは異なる

個人や市民団体とは異なり、なぜ政党だけがそんなややこしい選択を迫られるのか。理由はいくつかあるだろうが、政党は政権をとるために存在することにすべては起因すると思う。

１つは、政権をとろうと思えば、政党に固有な理念、政策を重視しつつも、異なる理念、政策の有権者にも支持を得る必要がある。国民多数の支持がないと政権をとれないのだから当然だ。政党固有の悩みなのである。

だからといってはなんだが、共産党はそれに慣れている。だって、共産主義政党だから資本主義に反対しているように思えるのに、実際は資本主義の枠内での民主的改革をめざしているからだ。昔の綱領では、「民主主義革命から社会主義革命への２段階連続革命」として、ここでも「段階」が使われていた。では現在、民主主義革命に徹するからといって、社会主義のことは強調しないのかと言えば、29回大会でも「社会主義・共産主義の魅力を、広く伝えていく活動に力をそそぐ」とされた。

ただただ共産主義をめざす政党だったら、共産党がここまで影響力を拡大することはなかっただろう。逆に、資本主義の枠内での改革しか視野にない政党なら、他党との差別化もできず、やはり影響力は限られていただろう。そのバランスをとってきたことに、共産党の現在があるわけだ。安保自衛隊問題でも似たようなアプローチが可能なのではないか。

もう1つ、政党が個人や市民団体と異なるのは、政権をとることによって、政治を変える力を得る特別な役割を果たせるからである。政権をとれば、たとえ安保条約を容認する政策からは逃れられないにしても、その範囲内でやれることは少なくない。

日米地位協定の改定などは、安保を容認する政党でも主張していることであり、もともと安保廃棄の共産党はより積極的にやればいい。あるいは、対中国外交のことを考えても、中国の覇権主義的な振舞いには断固として抗議しつつ、敵基地攻撃論で緊張を煽ることなく、より平和的な関係を築くことも可能になる。それが安保は不要だという世論づくりに寄与するだろう。

逆に、野党間で妥協が成立せず、自民党政権が続くとどうなるだろう。敵基地攻撃を想定した米軍や自衛隊の沖縄などへの配備増強、威嚇的な共同演習の広がりなどによって、ますます地域の緊張が増していく。その結果、かえって国民の不安が高まり、安保や自衛隊を支持する世論が増えていくのではなかろうか。

こうして、「安保自衛隊に反対する政党」に固執することによって、理想である安保自衛隊の解消はどんどん遠ざかっていきかねない。先ほど、安保自衛隊を容認する世論が歴史的に増大していることを紹介したが、それはまさにこういう状況が継続しているからに他ならない。

だから、大きな妥協をしてでも、少しでもまともな安保自衛隊政策で野党が一致することが必要ではないのか。個人や市民団体とは異なり、政党はそういう固有の役割を持っているのである。こうやって「安保条約廃棄前の段階」を意味のあるものにしていけると思うのだ。

●共産党を政権共産党と市民運動共産党の２つに分ける!?

とはいえ、理想と妥協を両立させることは、そう簡単ではない。政党だから独自の役割があると強調しても、そもそも党員自身がそれについていけない場合も多いだろう。

実際、志位氏が２０１５年、日本有事の際は日米安保条約第５条を発動すると述べたときは、私だって驚いたほどだ。私は問われればそう答えることになるだろうと推測はしていたから、何とかそれについて行けた。同時に、安保条約の発動をアメリカに要請するにしても、被爆国の日本がアメリカに核兵器の使用まで認めてはならないと考えたので、「核抑止抜きの専守防衛」に止めるべきだと考えた。ただ、党員の多数は、志位氏の方向であれ私の提唱であれ、絶対に認められないと思う。

それよりも党員を驚かせたのは、政権としては自衛隊は合憲だという志位氏の発言であった。当初は、自衛隊合憲論が多数を占める野党政権のことであり、少数政党としては仕方ないと考えた党員も少なくなかった。しかし、共産党が多数を占め、安保条約を破棄する民主連合政府になっても、政府としては自衛隊合憲論をとると志位氏が述べたことは、衝撃という言葉では収まらなかった。参議院選挙目前ということもあり、チラシを配る党員の足は止まることになったのである。

共産党は、その衝撃を回避する手段として、政権としては自衛隊は合憲だが、政党としては自衛隊違憲なので立場は変わらないという態度をとっている。そのやり方では、共産党の閣僚を含む政府は自衛隊合憲の立場から自衛隊関連予算を提出するが、共産党国会議員団は自衛隊違憲の立場からその予算に反対することになり、結果として予算が成立しない結果になることがある。だから私は、政府と党の使い分け方式は合理的ではないと考えた。予算が成立しないと内閣は倒れるのだから、使い分けは無理なのだ。だから私は、政党としては合憲だが、党員は違憲論を自由に選択できるようにする（党の決定に反対できる）しかないと考えている。

いずれにせよ、「安保条約廃棄前の段階」を容認するという共産党の態度は、このように苦渋に満ちたものなのである。私が時として夢想するのは、共産党を政権共産党と市民運動共産党の2つに分けて、両者が共存するようなやり方はないのだろうかということだ。それぐらいしないと、神原氏であれ党員の多数であれ、「安保条約廃棄前の段階」にはついていけないのではないかということだ。それでも、私が党を2つに割るのではなく、まるごと3段階論を歩むべきだと考えるのは、安保自衛隊をなくすという理想のためには、その道が合理的だと考えるからである。

その道を進むのを否定するのは神原氏の自由である。しかし、その場合、「安保条約廃棄前の段階」を認める共産党をも否定するということなので、そこだけは理解してほしい。そして、それは裁判所から強制されたものではなく、共産党自身が選びとった道なのだということも。

いずれにせよ、私が勝訴したとしても、「安保自衛隊に反対する団体を作る『結社の自由』」が侵される、といいうような性格の話ではないということだ。共産党はみずからの判断で３段階論をすすむ党となった。私はその路線を支持しているというだけだ。それでは「安保自衛隊反対の党」ではないというなら、誰かが３段階論を否定する政党をつくればいいのだ。裁判所であれ政府権力であれ、その自由と権利を奪うものはいないだろう。結社の自由は断固として守られるのである。

第９号

（2024.5.2）

党中央・安全保障担当者との意見交換の到達点

私が除名されたのは、党内で何の意見も出さないまま本を突然出版したからだと、本気で思い込んでいる党員が少なくない。思い込んではいなくても、なんとなく私の弱点だと感じている人もいるだろう。それに関してはいろいろ説明してきたが、今回のメルマガでは、これまであまりオモテに出していない問題を書いておこうと思う。

「中央委員会にいたるどの機関にたいしても、質問し、意見をのべ、回答をもとめることができる」という規約（第５条６項）が、中央委員会宛の手紙などの形式で自分の見解を伝えることを意味するなら、たしかに私は文面通りのことはしていない。しかし私は、共産党本部を退職して以降も、安全保障や日本外交にかかわる問題での見解は、除名の原因となった『シン・日本共産党宣言』（文春新書）以外でも多くの著作で表明し、それを必ず党中央に届けてきた。それに止まらず、党中央の担当者と意見交換もしてきた。代表的な本だけを挙げても、順を追って紹介すると、以下のようなものがある。

『これならわかる　日本の領土紛争』（２０１１年、大月書店）
『憲法九条の軍事戦略』（２０１３年、平凡社新書）
『集団的自衛権の深層』（２０１３年、平凡社新書）
『慰安婦問題をこれで終わらせる。』（２０１５年、小学館）
『「日本会議」史観の乗り越え方』（２０１６年、かもがわ出版）
『９条「加憲」案への対抗軸を探る』（２０１６年、伊勢﨑賢治・伊藤真・山尾志桜里氏との共著、かもがわ出版）
『対米従属の謎』（２０１７年、平凡社新書）
『改憲的護憲論』（２０１７年、集英社新書）
『北朝鮮問題のジレンマを「戦略的虚構」で乗り越える』（２０１９年、あおぞら書房）
『日韓が和解する日』（２０１９年、かもがわ出版）
『「異論の共存」戦略』（２０２１年、晶文社）
『〈全条項分析〉日米地位協定の真実』（２０２１年、集英社新書）
『13歳からの日米安保条約』（２０２１年、かもがわ出版）

これらは安保・外交問題での共産党の政策を豊かなものにしたいという願いで書いたものだ。だから、共産党の綱領を批判するようなことはしていないが、党の政策の不十分な点、間違っていると思う点については、自分なりに率直に触れている。

これらの本を党中央に届けてきたのだが、その相手はまさにこの問題の担当者であった。共産党の政策委員会は現在、政治・外交委員会と経済・社会保障委員会に分かれているが、そのうちの政治・外交委員会の責任者であった山根隆志氏（2022年5月末に亡くなられた）には、ずっと本を贈呈するとともに、年に何回かは直接にお会いし、本の評価を伺いつつ、私が提起した政策問題に関する意見交換もしてきた。

山根氏だけが私の本を読んでいたのではない。党の幹部も真剣に目を通していたはずである。『シン・日本共産党宣言』を読んでくれた方なら、小池晃書記局長が読んでいた事実を山根氏から聞いたという次のような記述を、ボンヤリとでも覚えておられるかもしれない。

●第22回党大会で決まった自衛隊活用論を担当者として実践

「当時、共産党の政策部門にある政治・外交委員会の責任者であった山根隆志氏（故人）は、私が上京する度に意見交換する間柄であったが、いつものようにこの本（『改憲的護憲論』のこと――引用者）も贈呈した。

本を贈呈した直後、その山根氏から聞いたことだが、『改憲的護憲論』をめぐって、党内で少し議論があったという。この本を読んだ小池書記局長が政策委員会にやってきて、山根氏に『メディアから問い合わせがあったらどう対応しようか』と聞いたというのだ。そして、書いていることの事実関係は否定できないので、『評価は異なる』で押し通そうということになったそうなのだ。」

『改憲的護憲論』は２０１７年12月の刊行だが、この時期なぜ、小池氏が私の本を読んでメディア対応を心配したのか。なぜ「『評価は異なる』で押し通そう」となったのか。それは、私と山根氏がどんな意見交換を行い、それが党の政策とどう関係したのかにもかかわっている。私の退職事情も理解してもらう必要がある。すでに知っている方も多いだろうが、その点をまず解説させていただきたい。

小池氏が心配したのは、『改憲的護憲論』の全体ではなく、「共産党は憲法・防衛論の矛盾を克服できるか」と題した第3章である。この章で私は、共産党の安全保障政策がどのように変わってきたのか、自衛隊と憲法の関係をどう捉えてきたのかについて、戦後史の全体にわたって論じている。とりわけ小池氏が対応しなければならないと考えたのは、私が党中央の安全保障の担当者としてかかわった時期以降の問題である。

２０００年の第22回党大会で、共産党は自衛隊活用論を決定した。日本が侵略された際や大規模災害の場合には自衛隊を活用するというものだ。その意味や歴史的経緯は措くとして、私は１９９４年以来、共産党政策委員会でその問題の担当者だったから、当然、この立場を党内外に広める位置にいた。だから、いろいろな学習会の場にも参加してお話ししたし、党の月刊誌である「前衛」などに論文も書いていた。

その一環として、同じく党の月刊誌である「議会と自治体」の２００５年5月号にも、「九条改憲反対を全国民的規模でたたかうために」というタイトルの論文を寄稿した。これは、改憲問題が日本政治の焦点となってきた局面において、国民世論が九条も大事だが自衛隊もリスペクトしている現状を指摘しつつ、共産党が一方では9条を堅持しており、他方では侵略されたら自衛隊で日本を防衛するという見解を持つという、一見矛盾しているような立場に立っているが故に、逆に共産党は、9条支持派と自衛隊擁護派をつないで護憲の多数派をつくる特別に重要な役割が果たせるという趣旨のものであった。

もちろん、当時の政治・外交委員会の責任者だった和泉重行氏（故人）にも点検をしてもらっている。「議会と自治体」の巻頭を飾る論文であった。

●安保廃棄の以前では自衛隊活用はしないという志位氏からの批判

除名されたあと、いろいろな場で紹介することになったが、この論文に対して志位和夫委員長から猛烈な批判が寄せられた。そして、論文が間違いであることを認め、雑誌の次の号で自己批判文書を掲載するよう求められたのである。私に自己批判を求める志位氏の論理は、『シン・日本共産党宣言』にも以下のように書いている。

「志位氏の批判の根拠は、侵略されたら自衛隊で防衛するという党の立場は、安保条約が廃棄されて以降の方針であって、それ以前にも自衛隊を使うという私の考えは間違いだというものであった。私の論文には『自衛権や自衛隊には反対しない』とあるが、安保条約下では自衛隊反対が基本的なスタンスだとも言われた。それに対して私は、自衛のためではないのに自衛隊を使うのは間違いだが、侵略された場合は安保条約があるかないかにかかわらず自衛隊を使うのが当然だと主張し、議論は平行線を辿ることになる。」

自衛隊を使うのは安保条約廃棄以降だ、廃棄以前は使わないのだという論理は、国民の常識では通用しないだろう。国民の普通の感覚は、侵略の可能性があるから安保条約を結んでいるのであって、侵略されれば安保条約の発動も自衛隊の出動も当然だというものである。逆に、安保条約が廃棄されてもいいような時代は、侵略の可能性自体が低下するというものだろう。

一方、志位氏の論理（共産党の古い61年綱領の論理でもある）は、安保条約が維持されている限り、アメリカが日本を足場にして周辺諸国を侵略するという前提に立ったものである。そして、自衛隊はアメリカの侵略の道具として使われるのであって、安保条約下の自衛隊活用論は、アメリカの侵略に加担することになるというものなのだ。安保条約が廃棄されたあとなら、共産党主導の政権が樹立されているので、日本が侵略する可能性がなくなり、自衛隊を使うとしたら純粋に日本が侵略される事態に限定されるというものである。

他方、私の論理は、志位氏のような考え方には意味がないとまでは言えないとしても、侵略された際の自衛隊活用論を、安保の廃棄以前と以降で区別する論理は国民常識と反するので、どんな場合でも侵略されたら自衛隊を活用すると主張すべきだというものだった。さらに、自衛隊活用論を決めた

2000年大会決議と、それを盛り込んだ2004年新綱領は、周辺の社会主義国は平和勢力でアメリカは戦争勢力だという61年綱領から決別したはずであり、その観点からも安保破棄以前と以降を区別すべきではないとするものだったのである。

山根氏と私は、この点で一致していた。私がこの意見の不一致が生じた翌年に退職し、党内で自衛隊活用論は消え去ってしまったが、自衛隊活用論を復活させなければならない点では、同じ見解だった。そこで、私が退職して以降も、ずっと意見交換をつづけることになったのである。

●党中央の担当者である山根氏の努力で自衛隊活用論が復活

山根氏は私より数年先輩で、大阪市立大学を卒業後、すぐに「赤旗」記者となった。日米安保条約や在日米軍基地の取材では第一級の経験と実績をもち、ワシントン支局の特派員をへて、「政治部長」を長く務めることになる。そのような経歴もあり、「前衛」などに寄稿する論文も安保条約の問題点を鋭く追及するものが多かったので、その「前衛」の編集部などから、「山根さんと松竹さんは考え方が違いますよね」と聞かれることが多かったが、そんなことはなかった。もちろんすべてが一緒ということはなかったが、共産党の「中立自衛」論に共感して党員となった点でも、共産党の政策が国民感情に合致したものでなければならないと考えていた点でも、共通するところが多かった。

その2人にとって、2015年は大きな転換点であった。この年、集団的自衛権を容認する新安保法制が成立したことを受け、志位氏が野党の国民連合政府構想を打ち出した。それとともに志位氏は、国民連合政府は侵略された際には自衛隊を活用することを表明したからである（日米安保条約第5条の発動も）。

先ほど紹介したように、志位氏が私に自己批判を求めた根拠は、共産党が自衛隊を活用するのは安保条約が廃棄された政府のもとでということだった。安保条約が維持された政府では自衛隊は使わないのである。しかし、志位氏が自衛隊を活用すると明言した野党の国民連合政府とは、安保条約を堅持する政府である。立憲民主党などが主導する政府なのだから、それ以外に選択肢はない。

ということは、共産党の自衛隊活用論には、安保条約の廃棄前かその後かというような、無意味な区別はなくなったということである。私に自己批判を求めた根拠も取り払われたということである。山根氏と私が喜び合ったことはいうまでもない。

山根氏はその後、自衛隊活用論を再び党の大会決定として確認するために努力した。その結果、2017年1月18日に共産党第27回大会で採択された決議は、以下のように宣言することになったのである。

「かなりの長期間にわたって、自衛隊と共存する期間が続くが、こういう期間に、急迫不正の主権侵害や大規模災害など、必要に迫られた場合には、自衛隊を活用することも含めて、あらゆる手段を使って国民の命を守る。」

これで、2005年に志位氏から自己批判を迫られて以降、私と共産党の間にあった見解の不一致は消し去られることになった。そう判断した私は、その経緯を書き残しておこうと考え、『護憲的改憲論』の執筆に没入し、その年の12月に刊行することになるのである。不一致のまま経緯を公開すれば党を批判することになるが、一致した現在なら大丈夫だという判断だったわけだ。

ところが、冒頭で小池氏をめぐって書いたように、「(本で書いていることの)事実関係は否定できない」としつつ、「評価は異なる」とされたのである。そこで山根氏と私は、さらに意見交換を強めることになる。

●当初は党として「専守防衛」を否定したが、肯定へと大転換

何の評価が異なるのか。私にも十分に理解できないところはあったのだが、おそらく自衛隊活用論を野党連合政府の政策として許容できても、共産党自身の政策とすることへの躊躇が残っていたのだと感じる。その点は、山根氏と私との間でも多少の違いがあり、論争点でもあった。

一方の私は、『憲法九条の軍事戦略』を刊行した10年ほど前から、「専守防衛」を党の政策にしたらどうかと山根氏に提案してきた。「専守防衛」は、違憲だとみなされた自衛隊を合憲だと強弁することと一体に生まれた考え方であり、護憲派にはずっと評判が悪かった。しかし、自衛隊を容認する意識は国民のなかで定着しているし、共産党も先ほどの27回大会決議のように、「かなりの長期間にわたって、

自衛隊と共存する期間が続く」と認識しているのである。それほど長期間続くものなのだから、自衛隊の存在を前提としたふさわしい政策の提唱が必要だという立場であった。

他方の山根氏は、私の立場に理解を示しつつも、当初、「専守防衛」には肯定的ではなかった。憲法論からというよりも、日本の専守防衛政策が、日米安保条約を前提としたものだったからである。自衛隊は「専ら守る」ことに徹するといっても、それはアメリカが矛の役割を果たして敵基地攻撃を受け持つことの任務分断があるからであって、安保条約下の日本の政策をまるごと専守防衛と言うのは正確ではないというものだった。

私も山根氏の立場を理解していた。そこで、『13歳からの日米安保条約』（２０２１年）でどういう経路で安保条約をなくしていくのかを提示したのだが、「良く分かったよ。安保条約存立の根拠がなくなれば安保もなくなるんだね」と誉めてくれた。その励ましに力を得て、私は野党共闘の成功や失敗の体験を自分なりに総括しながら、『シン・日本共産党宣言』で提示した「核抑止抜きの専守防衛」構想を温めることになる。それなら、日米安保条約の中核をなす核抑止力を否定することになるので、「専守防衛」にもかつてとは異なる生命力を与えることになるのではないかと考えたのだ。

その構想がまとまりかけた２０２２年４月８日のことだ。朝起きていつものように「赤旗」を開き、前日に開かれた参議院選挙勝利・全国総決起集会での志位氏の報告を見て、びっくり仰天することになる。志位氏は、「海外派兵の自衛隊を、文字通りの専守防衛を任務とする自衛隊に改革する」と強調していたのである〈https://www.jcp.or.jp/akahata/aik22/2022-04-08/2022040804_01_0.html〉。

それから1か月後の5月中旬、私は山根氏と東京でお会いした。最初に私の口から発せられたのは、「党としてはじめて専守防衛を肯定的な文脈で使ったね。すごいことだ」というねぎらいの言葉である。山根氏は、「それが分かってくれるのは松竹さんだけだ」と喜んでくれた。私は「核抑止抜きの専守防衛」構想を語った。

別れ際のことだが、山根氏は、ここまでの到達をつくったので、参議院選挙が終われば退職して別の仕事をしたいという希望を表明した。さらに、月末の沖縄行きが最後の出張になるだろうと述べたので、じゃあ選挙のあとで退職のお祝いをしようと分かれたのである。まさか、出張先の沖縄で山根氏が亡くなるなどとは、予想もしなかった。

山根氏との10年以上にわたる意見交換を踏まえ、私が『シン・日本共産党宣言』で「核抑止抜きの専守防衛」を打ち出すのは、山根氏の死後、8か月後のことである。

●党首公選論否定のため、党の到達点は簡単に切り崩された

私は党機関に意見を上げなかったかもしれないが、こうやって、党中央の安全保障問題の担当者と濃密な意見交換をしていたのだ。その結果と言っては言いすぎだが、党と私の間の政策的な溝がどんどん埋まるという実感を持っていた。ヒラ党員が党の政策の発展に寄与する方法として、これ以上に意味の

あるやり方は想像もできなかった。山根氏亡きあと、党中央には安全保障問題に通じている人は誰もいなくなり、意見交換にふさわしい相手もいなくなっていた。

それ以上に私の心のなかで位置を占めていたのは、党の政策はこれほどまでに変わったのだから、もう後戻りできないだろうという観測である。野党共闘を通じて政権に近づき、政治を変えていくという路線が変われば別だが、そうでなければ変化した到達をさらに前へと進めるしかないと確信していたのである。

だが、それは甘かった。私の党首公選論の影響を抑えるためなら、せっかく模索し、発展させてきた安全保障政策の到達点を切り捨てるなど、党中央にとってなんでもなかったのだ。自衛隊は憲法違反で廃止するしかないのだ、安保条約は廃止するのが基本政策であり、通常兵器の抑止であれ許してはならないのだ（安保条約第5条の発動などもってのほか）、専守防衛は違憲であり党として認めることなどあり得ないのだ――2000年の大会決定、2004年の党綱領以前の見地、党がすでに捨て去った見地が大手を振ってまかり通るのには、『シン・日本共産党宣言』の刊行から1日あれば十分だった。党や「赤旗」の幹部だけでなく、志位氏まで自分の到達をみずから否定していく毎日だった。

山根氏の努力は報われなかった。私にそのリベンジをする力は残されているだろうか。

第10号

（2024.5.9）

神奈川の大山奈々子氏のことについて

共産党の第29回党大会の2日目（1月16日）、神奈川県から代議員として選出された大山奈々子氏（県議会議員）が、私の除名問題について発言した。公表されたタイトルは、「問題は出版より除名処分、共産党『怖い』と思われる」というものだ。直接に私にかかわるものだし、私が大会に求めていた「再審査」を「適切に受け止め」てほしいというものでもあり、本来だったらいち早く私自身が論評すべきものだったと思う。けれども、3月に開始したメルマガでも、ほぼ毎日書いているブログでも、これまでは取り上げてこなかった。

なぜかと言えば、「ご迷惑をおかけしたくなかった」の一言に尽きる。

昨年2月に除名されたその日、大会での再審査を求める立場を明らかにしたが、その直後から共産党によって開始された「反松竹キャンペーン」はすさまじいものだった。「赤旗」紙上や党幹部の演説会で、私は「党かく乱者・破壊者」と呼ばれるようになり、何の証拠も示されないまま権力と結託した悪辣な人間であると断定されることになる。

それだけだったら、私が堪え忍べばいいことだ。しかし耐えられなかったのは、私と親しい党員の友人・知人にも迷惑がかかったことである。除名される前に連絡をとろうとすれば「分派」扱いされるから控えてきたが、除名後なら、会っても規約違反にならないだろうと思っていたのだ。ところが党機関は、私の友人・知人に対して、「党破壊者と会うようなことをすれば、あなたの党員資格も問われることになる」と圧力を強めてきた。理不尽なことだとは思ったが、迷惑をかけてはいけないので、私のほうから連絡することは止めることにした。私の世代の党員は、現在、中央でも地方党機関でも幹部となっている場合が多く、中央委員や県委員長のなかには何人も知り合いがいるのだが、だからこそ余計に関係を持ってはいけないと覚悟したのである。

大山氏に関しては、私は大会で発言されるまで、お名前さえ知らなかった。神奈川では、大会代議員を選出する県党会議の場で、除名反対を訴えて代議員に立候補する人が2人いて、2割程度の支持を得たが選出されなかったと聞いていおり、異論を持った人は完全排除されたと思い込んでいた。だから、異論を出したのが神奈川の代議員だと聞いて、意外に思ったほどである。

それでも私が大山氏の発言を評価すると述べることになれば、現在の党中央は事実や証拠など気にしないようになっているので、何か分派的な関係があると疑われるかもしれない。ネット情報を見ても、共産党員と思われる人が「松竹・大山一派」などと書き込むし、大山氏も苦しい立場にありそうだ。そう思って控えてきたのである。

けれども、大会からはすでに4か月近くが経過した。事態が沈静化したわけではないが、煽る人がいても、冷静な議論が通用する雰囲気も醸成されている。先月、党大会の議事を掲載する「前衛」の臨時増刊号も入手し、実際の議事にもとづいて正確な論評をすることも可能になった。そこでようやくメルマガにも書いておこうと思い立ったのである。

●大山氏の発言はどのような状況下で行われたのか

党中央は、私が党大会の再審査を求めた時点で、除名に異論を持つ代議員を大会から完全排除する決意を固めたと思う。全代議員が私の再審査却下に賛成投票する状況をつくりだせれば、私を支持するような党員は1人も出なかったと誇ることができると考えた。だからこそ異常な「反松竹キャンペーン」を開始したわけだ。その結果、昨年11月頃から開始された地区党会議の様子を見ると、ほとんどの地区では議案が満場一致で承認され、議案を支持する代議員が選ばれていった。

ところが、除名に異論を持つ人が代議員として立候補する事例がいくつか生まれる。しかもその場合、3割程度の支持が寄せられる。結果として、異論を持つ代議員の排除には成功していくのであるが、その時点で新しい問題が党中央が頭を悩ました。異論を隠して代議員となる人があらわれたらどうしようということだった。

そこで昨年12月1日、「赤旗」に土方明果論文が出される。異論を心の内に隠したまま代議員に立候補してはならないという、ちょっと異様な感じのするものだった。それだけのことをしても、異論を持つ大山氏が代議員になることを防げなかったのだから、党中央の驚愕はいかほどのものだっただろうか。

ただし、ネット情報を見ると、大会で私の再審査に関して報告を行った山下芳生副委員長は、事前に大山氏のところを訪れ、異論を大会で表明しないよう何時間も説得したとされる。山下氏が事前に説得に行ったということは、大山氏は異論を隠して代議員になったわけではないということだ。神奈川県党のなかにかなりの異論が潜伏していたことの反映でもあろう。

いずれにせよ、大山氏は山下氏の要請をはねのけた。党中央は、私の再審査に関して全代議員の投票を行い、全会一致で却下することができない事態に直面した。その現実にそって大会議事を組み立てざるを得ないということだ。再審査を大会で堂々と行った上で代議員の投票にかけるという方式は、何が起きるか予測できないのであきらめることになる。

そして浮上したのは、再審査却下の決定は大会幹部団21名のみで行うこと、まず大山氏に発言させ、その直後に大山氏を糾弾する発言を複数組織して熱狂を演出し、その熱狂のなかで再審査結果を報告して、採決なしの拍手承認するというシナリオだったのだろう。この方式を代議員に納得させるため、過去も再審査が5回やられたが同じ方式だったという、かなり手の込んだウソを平然とつくことにもなる。

こうして大山氏が発言する。何百、何千という人の前で、しかもそれらの人が熱狂に支配されているなかで、1人異論を述べることは簡単ではない。私も、民青同盟で国際活動を担っていた時代、ソ連派しかいない会議場でブーイングに包まれながらソ連批判をした経験が何度もあるから、想像はできる。大山氏には勇気があったと思う。けれども、大山氏の発言を冷静に見ると、客観的には「1人異論を述べ」というような孤立状態ではなかったと思う。なぜなら、そのまわりには、何百、何千という党内外の世論が存在していたからだ。

●田村智子氏の結語にはパワハラよりもさらに重大な問題がある

大会の最終日、直後に委員長に選出される田村智子氏が、大山氏へのパワハラとして有名になる結語を行う。その中心点の1つはこういうものだった。

「発言者が述べたのは、ただ、『党内外の人がこう言っている』、ということだけです。党内外の人が言っていることのみをもって、『処分が問題』と断じるのは、あまりにも党員としての主体性を欠き、誠実さを欠く発言だといわなければなりません。」

大山氏が「党内外の人がこう言っている」と発言したのは事実だろう（「ということだけ」とは思えないが）。実際、発言のなかで大山氏は、国民の疑念とか社会通念とか仲間の疑問を以下のように取り上げている。

「『こんなことになるなら、将来共産党が政権を取ったら党内に限らず、国民をこんなふうに統制すると思えてしまう』と。党の未来社会論への疑念につながっているわけです。」
『結社の自由』を唱えてみても、党内論理が社会通念と乖離している場合に、寄せられる批判を『攻撃』と呼ぶのでなく、謙虚に見直すことが必要ではないでしょうか。」
「規約に反したことをしていたら、当然、処分もありえるのでしょうが、それが除名なのか。犯罪を犯したわけでもない人に、この処分の決定の早さとその重さについて、疑問をもつ仲間は少なくありません。」

これら国民や党員の声を取り上げた発言に対して、田村氏が「あまりにも党員としての主体性を欠き、誠実さを欠く」と断じたわけだ。田村氏の意図は、私が擁護するのも変だが、国民や党員がどう考えているかの以前に、大山氏自身の見解はどうなのかと問うことだったのだと思う。だから、素直に「あなたご自身の見解は？」と聞けば良かったものを、「主体性」や「誠実さ」を欠くなど表現するからパワハラになったのである。

いや、本来だったら、大山氏のあとの発言した3人がそれを問い、大山氏がそれに答えるような運営にしておけば、共産党というのは異論を仲間で議論するのだという場を見せることになったかもしれない。しかし、異論はただただ糾弾するという方針にもとづいて運営がされたから、3人の発言も誰も反論できない結語も、議論というものではなくなった。しかもそれが動画で全国に配信されたものだから、田村氏のきびしい口調や表情とも相まって、余計にパワハラ認定が強まることになった。

しかし私は、田村結語はテキストで読んだだけだからかもしれないが（視聴していないので口調や表情が分からない）、パワハラ問題以上に深刻な性格を有する発言だと感じた。党のあり方を変質させかねない問題を含んでいると思ったのである。

●大山氏は「党員としての主体性」を持って発言し、活動している

田村結語では大山氏の「党員としての主体性」が問題にされている。しかし、冷静に大山発言を読めば、大山氏はを「党員としての主体性」持って発言し、活動していることが分かる。

例えば、除名問題で有権者と対話した際、「党の見解をしっかり紹介」したことにも言及している。ところがそうやって説明しても、「将来共産党が政権を取ったら」という疑念が出ていると述べているだけなのだ。あるいは大山氏は「処分もありえる」と明確に発言している。けれども、「処分の決定の早さと重さ」について、「疑問をもつ仲間」がいることを提示しているのである。

こうして大山氏は、党の見解を学び、自分の考えを持ち、それを有権者や党員の仲間に対して伝えるよう努力している。けれどもなかなか納得してもらえない部分がある。そういう事態に直面した場合、党員がやるべきことは、さらに説得する努力を続けつつも、その事実を党にしっかりと伝えて、党の見解をより豊かなものにしてほしいとか、あるいは見解を発展させてほしいとか、そんな要望を出すこと

であるはずだ。何があっても党の言うことを信じる有権者を相手にしか活動しない議員、党員ならともかく（そんな人はいないだろうが）、少しでも広く支持を広げようと努力している普通の議員、党員ならそれ以外に選択肢はない。「循環型・双方向型の党活動」とはそういうものだろう。

ところが、大会で起きたことは、それを党に伝えたら、「主体性」や「誠実さ」の欠如を糾弾されたということだ。それが現在の党の普通の姿になっているということなのだ。

これは深刻である。共産党は議会で多数派になり、平和的に日本を変革する道を進もうとしている。そのためには、国民多数の支持を得られるようにならなければならない。政策であれ党の運営であれ、国民が支持するようにならないと、この道を進むことができない。それは、国民の考え方を共産党に近づけるという一方通行のものではなく、共産党自身が国民の共感を得られるように変化するということも含まれるはずなのだ。

田村氏は、「発言者が述べたのは、ただ、『党内外の人がこう言っている』、ということだけです」と大山氏を糾弾したけれども、「党内外の人がこう言っている」というのは、共産党にとって最も大切なことなのだ。有権者の意見、党員の意見を「ということだけ」と切り捨てるような思想は、本来、多数者革命を選択した共産党にとって縁遠いものなのである。田村結語に示される現在の共産党は、党内外の人の意見を聞いて改革していく党ではなく、党内外の人の意見がどうあれ、それとは関係なく独自の革命党路線を進んでいるように見える。

●党のあり方は国家のあり方に影響を与えるのだから

大山氏が指摘した問題のなかで、党にとって考えなければならない点を指摘しておこう。いくつもあるが、ここでは1つだけ。将来、共産党が政権についたとき、党内でのやり方が国民にも押し付けられるのではないかという疑念である。これは伝統的な疑念であるが、この間の選挙で共産党が政権入りを公然と掲げるようになったこともあり、今回の私の除名をきっかけに急浮上することになる。

これまでの共産党は、この種の疑問に対しては、党と国家は別だと説明するようにしてきた。〝党内での措置を国家に持ち込むことはしないと「自由と民主主義の宣言」で明確にしている〟というような説明だ。

しかし、今回の除名措置があまりにも衝撃的だったので、それでは収まらないと党中央も判断したのだろう。除名後しばらくたって、書記局次長の土井洋彦氏が、「政党のあり方と、社会のあり方の関係を考える——一部の疑問に答えて」を「赤旗」で公表した（23・2・25）。そしてそのなかで、党と国家は別だという従来の説明をくり返すのではなく、「政党のあり方と社会のあり方の関連と区別」という見出しを立てているように、単純に区別できるものではなく「関連」もあるのだと明確にした。本文でも、スターリン時代のソ連やナチス・ドイツの例をあげながら、「その政党が政権党になった場合に、その社会がどのような社会になるのかは、もちろん無関係ではありません」と正直に述べたことは大事だった。

問題は、土井氏の場合、日本共産党の党内民主主義はすでに完成形で、これ以上は民主主義的になりようがないという立場に立っていることだ。それが国民の実感に合わないから、大山氏が言うような国民の懸念が生まれるわけだ。

●異論への対応が間違ったままで多数者革命は成功しない

党大会の前後、何人かの党員が東京に集まり、異論を表明する記者会見を開いた。その際、取材したメディアの記者が共通して驚いたのは、全員が匿名であり、顔写真を撮影することが禁じられたことである。党に対する異論を表明するのに、こんなことをしなければならない政党は、共産党以外にないことを強烈に印象づけることとなる。

この記者会見について共産党が沈黙を守っていることも異様である。「こんな程度のことで処分したりするような政党ではない」と言えないのだ。田村智子委員長も、4月19日放送の「荻上チキ・Session」（TBSラジオ）に出演した際、この問題での見解を問われ、「会見の言われていることが何なのかという事実が分からない以上、ちょっとコメントできないんです」としか答えられなかった。私には「コメントできないんです」という弁明ではなく、事実をつかんだら処分するぞという意気込みに聞こえたのだが、言い過ぎだろうか。その後、5月1日に行われた3回目の会見も、参加者は覆面のままであった。

こんな党を「民主的」と言って通用するのは共産党内だけである。

大山氏のように党大会で代議員1人が異論を表明することをどう捉えるべきか。約650人中の1人ということで、異論を持つ人は党員の0・15％しかいないということだろうか。そんなことはないだろう。これまで書いたきたように、現在の代議員選出方法のもとでは、大会代議員のなかに異論者が1人いる状態は、その背後にはかなり多くの異論がなければ生まれない。

2000年の第22回大会で自衛隊活用論を決めたときも代議員1人が保留をしたが、大会決議を説明して回った私の実感からすると、党員の過半数は自衛隊活用論に反対していた。私の説明に納得しないまま、「党中央が言い出したら変わらない」とか「党中央の気迷いも数年で収まるだろう」とか表明するのだが、採決の場ではそんな気持を隠して公然とした反対はしなかっただけなのである。

民主主義の1つのキモは、少数意見をどう尊重するかである。代議員1人が異論を出したら、その背後に多くの異論があることを自覚し、異論を持つ人を役員に選ぶことも含めて考えるのが、民主主義のあり方だろう。

現在の共産党は、異論を党内で出したら党大会のように集団で糾弾するし、党外で出したら2週間で除名する。そこが国民の感覚からズレている。このままで多数者革命が成功することはあり得ない。

第11号

（2024.5.16）

大会での再審査「先例5回」説はウソ？ホント？・上

〈前号のメルマガのタイトルで、大山氏の名前が「奈々子」ではなく「加奈々子」となっていました。最初は「加奈子」としていて配信直前に間違いに気づき、「奈々子」としたつもりでしたが、「加」が残ってしまいました。名前を間違えるほど大山氏のことを知らなかった結果とはいえ、間違ったままで発信したことについて、読者にも大山氏にもお詫びします。〉

第29回党大会に宛てた私の除名再審査の請求は、メルマガ読者ならご存じのように、21人の大会幹部団だけの決定で却下された。約650人の大会代議員には私の再審査請求書は配布されず、却下決定の報告を山下芳生副委員長が大会幹部団を代表して行い、代議員の拍手で承認されたとしている。決定する「責任」は幹部団にあると報告で強調されているので、代議員の拍手なるものは、いわゆる採決行為とは異なる性格のものであった。

私は、再審査を求める当事者として、当然、過去の党大会ではどういうやり方をされたかを調べた。

大会のあとに議事の全貌を記録した「前衛」の臨時増刊号が発行されるのだが、そのうちの「大会日誌」という数ページの記述を見れば、大会で実施された議事の項目だけは分かるのだ。それを入手して調べた結果、規約上の処分に関する議事はいくつも載っているが、「再審査」という用語は一つも使われていないことが判明した。規約上、再審査の権限は中央委員会と大会にあるが、大会での再審査は私の事例が最初だと判断した。

だから私は23年11月1日付で党中央に対して再審査請求書を提出した際、書記局宛の手紙を同封し、以上の事実を指摘しつつ、再審査請求のあり方について提案を行った。「除名は、党の最高の処分であり、もっとも慎重におこなわなくてはならない」というのが規約（第54条）の定めであり、それだけの重みを持つ除名の再審査を党の最高機関である党大会が歴史上初めて行うのだから、やり方もふさわしいものでなければならないというものだ。具体的には、大会代議員に対して再審査請求書を事前配布するとともに、大会では私にも意見表明をさせて時間をとって議論した上で、投票は挙手方式ではなく秘密投票で行うことを提案したのである。

大会ではその要望は完全に無視された。再審査請求書が事前どころか大会の場でも配布されなかったことや、秘密投票はともかく「挙手投票」行為さえなかったことは、「最高機関」である大会が「最高の処分」である除名に関して判断するやり方として、まさに規約への「最高」の不誠実さを見せつけたものといえるだろう。それ以前に、私の再審査請求書を受理したのか、大会での再審査を実施するのか、その連絡さえ最後まで寄せられることがなかったのである。

党中央のそういうやり方を合理化したのが、過去もそういうやり方をとってきたという釈明であった。山下氏は大会への報告の冒頭で次のように語っている。

「除名処分をされた者が大会に除名処分の再審査を求めた例は過去にもあるが、そのさいにも大会幹部団の責任で再審査を行い、その結果を大会に報告するという対応を行っており、今回もこれまでの対応を踏襲することとした。」

その後、党内では、「過去5回の事例がある」とまで説明されているようだ。今回のメルマガは、これが事実かどうかを探求した記録である。

●処分と再審査、上級への訴えに関する党規約の構造

まず、処分と再審査に関して党規約はどう規定しているのか、具体的に紹介しておこう。私の50年近い共産党員としての人生のなかで、「赤旗」紙上で除名問題が焦点となる事例は少なくなかったが、親しい友人・知人関係で除名を含む処分に直面する人はおらず（10年ほど前から処分ではないとされる「除籍」事例は周りで増えてきたが）、率直に言って規約の関連条項がどうなっているかについての関心は薄かった。自分が除名されて初めて真剣に目を通すことになったのだが、理解するのはそう簡単ではない。けれども、これが理解できないと再審査に先例があったかどうかも見えてこないので、少しお付き

合いしてほしい。

現行規約（第55条）の関連条項は以下である。なお、このメルマガでは旧58年規約下の事例も探求の対象にしており、新旧規約を比べると大きな違いも存在するのだが、それはときどき必要になってくる箇所で説明したい。

「処分をうけた党員は、その処分に不服であるならば、処分を決定した党組織に再審査をもとめ、また、上級の機関に訴えることができる。被除名者が処分に不服な場合は、中央委員会および党大会に再審査をもとめることができる。」

「処分（除名を含む）」された党員が「再審査」を求めることが可能な相手は、「処分を決定した党組織」である。一般の党員なら所属している支部であり、私の場合は支部から処分権限を取り上げた地区委員会ということだ。

しかし、その処分が「除名」の場合に限って、「中央委員会および党大会」（所属支部ではなく）に対して再審査を請求できるということである。除名という行為の重大さをふまえた措置なのだろう。

一方、除名以外の処分の場合、再審査できるのは前記のように所属支部に止まるのだが、その場合も「上級の機関に訴える」のは可能である。ただし、再審査とは名称が示すように決定事項の「審査」を行うことを義務としており、除名の決定が覆る可能性も排除されていないが、「上級機関の訴え」については機関が何らかの対応をする義務は課せられていない。

ただし、この現在の仕組みが確定したのは第16回大会（82年）であり、それ以前の規約では7回大会での確定以来、「処分をうけた党員は、その処分に不服であるならば、再審査を要求することができるし、中央委員会および党大会にいたるまでの上級機関に訴えることができる」となっていた。除名以外の場合も大会に再審査を要求できたのである。16大会で改正された理由は、「（除名に限っては）問題の性質からして中央機関のみで処理することとされました」（「党規約一部改正についての中央委員会の報告」）と説明されている。

●私の除名再審査請求は、党規約に合致する行為だとは認められた

当初、過去の先例にふれた山下報告を目にした時、私の心を支配したのは、「なぜそんなウソをつくのか」という驚きだった。というより、私の除名を確定するため、党幹部がこんなことまでするのかと、あきれかえったわけだ。だって、先ほど述べたように、「大会日誌」には大会で除名の再審査を実施したという記述は一箇所も出てこないのだから。除名問題を扱った記述はいくつか出てくるが、それらは「再審査」とは何の関係もない事項であった。

例えば9回大会（1964年）。志賀義雄や中野重治などが、自分以外の除名された党員の処分取り消しを求めたことに関して、次のような記述がある。

「志賀義雄、鈴木市蔵、神山茂夫、中野重治が4名連名で『大会代議員がわれわれ4名だけでなく

これまで不当に除名され排除されたすべての同志たちの処分取り消しのため奮闘されることを要請します』という要請書を速達書留でおくってきたと報告。これは大会にあてたものでもなければ、大会幹部団にあてたものでもなく、正規の規約上の手続きを経たものではない。大会幹部団はこれを無視することにしたと報告した。全代議員はこの措置を割れるような拍手で承認した。」

やり方は私の場合と同じである。大会幹部団が決定して報告し、代議員が拍手で承認するというものだ。

けれどこれは、いま引用したように、「正規の規約上の手続きを経たものではない」から、こういうやり方で処理するとされているのである。一方の私の場合、山下報告では、党規約第55条の再審査規定を引用しつつ、「大会幹部団は、この規定にもとづいて対応を協議し、松竹氏の『再審査請求書』を党大会として受理し、……再審査を行うこととした」とされている。それなのに、「規約上の手続きを経たものではない」という志賀や中野を相手にするのと同じやり方が、私に対しても適用されるのはおかしいではないか。これが私の率直な思いであった。

ところが、大会後になっても、党幹部が私の除名を説明したり、党規約に関する講義を行う際、大会での再審査のやり方は過去の先例をふまえたという言い方が横行しているようだ。それだけでなく、過去の先例は5回あるのだと説明される場合もある。自信満々の様子なのだ。

●党大会での除名再審査は5回の先例があるという党中央の弁明は真実か

でも一方、5回あるなどと具体的に説明されると、「では、どの大会なのか」という次の疑問が生まれる。それに対しては、現在のところ、党中央の対応は割れているようだ。

ある質問者に対しては、「明らかにできない」と答えているとされる。他方、別の質問者への返事は、「11大会で再審査はやられたが、目を皿のようにして見ないと分からない。他の4回については、自分は幹部でないのでよく分からない」というものだったそうだ。その上で、11大会（1970年）の「大会日誌」にある以下のような記述を指して、これが再審査のことだと説明したとされる。

「大会は午後1時5分再開。大会幹部団の委託によって塚田大願代議員は大会にたいする上申書の処理について報告、これを確認したのち、スペイン共産党……」

「再審査」ではなく、「上申書」の処理である。しかも、一人の代議員に委託して報告するというやり方は、29大会での私の再審査のやり方とは異なるので、とても「先例」とは言えないではないか。

それでも党中央は、11大会を含む5回の先例説をゆずらないようだ。しかも、先ほど紹介した「上申書」の処理が再審査だという弁明を維持しているという。

それなら私も、「前衛」臨時増刊号の本文すべてに目を通して、実際の議事はどうだったかを確かめなければならない。手元にある「大会日誌」の数ページだけでは事実を究明するのには足りないので、7回大会以降の臨時増刊号をすべて保有しているという50年党員の友人に頼んで、それを送ってもらったのだ。結果はどうだっただろうか。

まず「大会日誌」だけを見ても分かる「上申書」の処理についてだ。「上訴」の処理という用語も含めると、党中央が言うように5回はないが、4回の記載がある。懐かしい名前ばかりが登場するが、以下である。

・9大会「寺田貢大会幹部団員が大会にあてられた上申書の処理について報告、大会は全員一致でこれを承認した。」
・11大会はすでに引用済み（「上申書の処理」）。
・14大会「大会は、戎谷春松常任幹部会委員から上訴処理についての報告をうけ、これを承認しました。」
・15大会「大会は、浜武司常任幹部会委員から上訴処理についての報告をうけ、これを承認しました。」

ところが、こう書かれてはいるのに、「大会日誌」で議題とされたと書かれている日付の議事内容が記録された本文を探しても、関連する記述は一行もないのである。これでは再審査したことの証拠にはならないはずだ。けれども、私が「再審査と書いていないではないか」と主張したとしても、党中央が「上申書と上訴の処理とは再審査のことだ」と言い張った場合、決定的なものにはならない。規約上の用語を使わなかったのだから、信ぴょう性に疑問符はつくだろうが、裁判官を説得するだけの証拠とまでは言えないのである。

そう思ってあきらめるかけていたのだが、「でも党中央が自信を持って5回というのだから、もっと見てみよう」と気持ちを奮い立たせてみた。そこで、さらに注意深く本文の他の箇所にまで目を通して分かったのは、58年の7回大会で規約を制定して以来、10回大会までは統制監査委員会の報告が議題になっているのだが、そこで「上訴」を処理したことの報告が載っていることである。そうすると、前記の4つの大会だけに止まらないのだから、5回説が確立する可能性も生まれてくる。党中央の言う通りになるかもしれない。

そこで関連する全文を読んでみたのだ。

●統制監査委員会とは何だろうか

ところで、突然名前の出てきた統制監査委員会（11大会以降は統制委員会）とは何か。同じ名前の機構は現在は存在しないが、58年に制定された当時の規約はこう述べている。

「第25条　党大会は、中央委員会によって招集され、すくなくとも2年に1回ひらかれる。党大会は、中央委員、同候補、中央統制監査委員および代議員によって構成される。……

第26条　党大会は、つぎのことをおこなう。

1　中央委員会および中央統制監査委員会の報告を審議し、その当否を確認する。……

4　中央委員会および中央統制監査委員会を選出する。……」
なんと、党大会で選ばれる機構である。しかも、そのメンバーは、中央委員と並んで党大会の代議員となる資格があるのだ。すごい権限を持っていたのだね。では何をしていたのか。第33条にこうある。

「1　党員と党機関が規約と規律をまもっているか、いないかを点検し、その違反事件について責任を問い、党の規律をつよめる。
2　除名その他の処分についての各級党組織の決定にたいする党員の訴えを審査する。……」
名前からしていかめしいが、全国の党員に規約を守らせるための機構であり、その違反の責任を問うわけである。同時に、除名についての党員の訴えを審査するというのだから、確かに除名の再審査を担当してもおかしくない機構である。

処分関係の規約に疎かった私は、統制委員会が除名などで活躍する程度のことは知っていたが、除名された党員の再審査まで担当することは自覚していなかった。処分を行う機関が、処分はおかしいという訴えを審査するなんて、捜査機関が裁判までするようなものであり、あまりにも常識に外れている。

だからお恥ずかしいことだが、「大会日誌」に議事として「統制監査委員会の報告」が登場しても、そこで再審査のことが書かれていることは想像できなかったという次第である。でも、それなりに詳しい報告が載っているので、これでようやく、「上申書」「上訴」とは何だったのかも分かってくる。その結果は次回に。（続）

第12号
（2024.5.23）

大会での再審査「先例５回」説はウソ？・ホント？・下

さて、前回のメルマガで書いたように、山下副委員長の「再審査に先例あり」説を証明するため、党中央は、「大会日誌」に書かれている「上申書」「上訴」の処理が再審査を意味すると述べている。また、過去に存在していた統制監査委員会が大会に対して行った報告でも、その種の内容が含まれていることが分かった。そこで、統制監査委員会の報告が掲載されている８大会、９大会、10大会の「前衛」臨時増刊号を読んでみたのだ（統制委員会に名称変更した11大会以降はその種の報告は大会でされていない）。

ところで、報告を読んで分かったことを理解してもらうためには、統制委員会の特別の権限を知っておかないといけない。あるいは、現行規約のもとで統制委員会の権限を受け継ぐのは規律委員会であるが、その特別の権限のことでもある。

●規律委員会（旧統制委員会）には特別な権限が与えられている

何回も引用して申し訳ないが、党規約で再審査のことを規定するのは第55条である。そこでは「被除名者が処分に不服な場合は、中央委員会および党大会に再審査をもとめることができる」と書かれている。党大会だけでなく中央委員会にも除名の再審査をする権限があるのだ。

ここに「中央委員会」と書かれていると、普通の党員は、年に数回開かれる「中央委員会総会」が何らかの対処をするように捉えると思う。私だってそうだった。だから、例えば中央委員会に再審査を求めた場合、この問題を担当する規律委員会が議論し、再審査を却下するか訴えを認めるかの起案をするだろうが、最終的な決定は中央委員会総会だと思っていたのだ。

しかし、実際にはそうではなかった。現行党規約（第26条）では「規律委員会」はこう規定されているのだが、これを根拠にして、規律委員会が審査（再審査を含む）をすれば、中央委員会が審査したことになるという運用がされてきたようだ。

「中央委員会は、規律委員を任命する。規律委員会は、つぎのことをおこなう。

1　党員の規律違反について調査し、審査する。

2　除名その他の処分についての各級党機関の決定にたいする党員の訴えを審査する。」

例えば、党員の除名が党支部であれ機関であれ決定されると、それは「一級上の指導機関の承認をえて確定される」（第50条）ことになっている。だから、私の一か月後に除名された鈴木元氏の場合、除名の決定は京都府委員会なので、その承認は中央委員会が行うのが規約の定めである。ところが、鈴木氏の除名を承認するために中央委員会総会が開かれることはなく、規律委員会の承認がそのまま中央委員会の承認だとされたのである。

規律委員会のメンバーは現在11人で、全員が中央委員（準中央委員も含む）だ。中央委員１９０人、准中央委員25人が参加する中央委員会の総会が開かれないまま、11人だけで党員の除名などが最終的に承認され、それが中央委員会の決定とみなされるわけである。

中央委員会内の一部局が、中央委員会に取って代わるだけの権限を持つというのは、常識からは理解しがたいことだ。この措置を合理化する規約上の根拠があるとすると、政策委員会など通常の部局は常任幹部会が任命するが、規律委員会のメンバーは全員が「指導機関」である中央委員会が任命するから、ということになるのだろうか。

しかしそうなると、例えば書記局の場合、局長だけは中央委員会の任命だが、局員は全員が常任幹部会から任命されるので、共産党のなかでは書記局よりも規律委員会のほうが権威が高いということになる。党内での規律・統制部門の権限の大きさを示すものといえようが、あまりにも規約上の整合性がないだろう。

過去にあった統制監査委員会なら、このような権限を持っていたのは理解できるのだ。すでに紹介したように、58年規約ではこの委員会は大会で選ばれることになっており、全員が無条件で大会代議員になれるなど、中央委員会と同様の権限を有していたからだ。

けれども、第10回大会（66年）の規約改正により、統制監査委員会を統制委員会と監査委員会に分離した際、統制委員会は大会ではなく中央委員会が選出することになった（監査委員会は大会選出）。しかも、その理由として、「（統制委員会の役割は）中央委員会が自らの活動の問題として、中央委員会の指導のもとに統一して強力に活動するほうが、党建設のために、いっそう積極的で効果的な役割をはたしうる」からだと説明された（10回大会での中央委員会の「規約改正についての報告」）。

統制委員会に代わって中央委員会が前面に出ると宣言したのである。だから、統制委員会には中央委員会に代わる権限がなくなってしかるべきなのに、過去の権限をそのまま受け継いだわけだ。それが現在の規律委員会にまで続いているということなのである。

それを理解してもらった上で、では統制監査委員会は何をしていたのかを見てみよう。

●統制委員会の9大会報告にも「再審査」の文字は出て来ない

8回大会（61年）では、統制監査委員会の報告はおこなわれているが、「上訴」や「上申書」の処理はされていない。除名をしたことのオンパレードだ。時代を反映していると思う。

9大会になって、ようやく「上訴」「上申書」が出てくる。何が報告されているだろうか

まず第1に、主な除名事件について報告している。8大会までに除名した61年綱領への批判派、安部

公房らの文学者関係党員、前出の志賀・中野など部分核停条約関係党員、野間宏など文化人関係党員その他である。第2に、党に対するスパイ工作の問題に移り、スパイ工作に追い落とされないため、党内から腐敗を一掃する重要性が強調される。続いて第3に、入党資格や新入党者教育のなど党運営の問題だ。ここまでで「前衛」の16ページ分を使っている。

その後、第4として、ようやく「党員から各種の上申ならびに提訴を受け」という、再審査に関係しそうな項目が出てくる。ただし、わずか半ページである。最後の第5に財政問題。これも半ページだ。

正確を期すために、第４の問題の関連部分を引用しておく。以下である。

「本委員会はこの期間、党員から各種の上申ならびに提訴を受け、これを処理いたしました。そのさい本委員会は、党規約第３条に定められている党員の権利を尊重し、これを実際的に保障する立場を貫くとともに、第66条に定められた『責任をもって、すみやかに処理する』ことをたてまえとして、誠意と公正な態度をもって処理いたしました。」

このあとに続くのは、党機関による処分が正しかったかどうかの確認である。党員からの訴えを処理したものではない。

すべてのページを見渡しても、「再審査」という言葉はどこにも出てこない。短く実務的な「大会日誌」に出てこないだけでなく、本文にも出てこないのである。

なお、既述のとおり、９大会の「大会日誌」では、「寺田貢大会幹部団員が大会にあてられた上申書の処理について報告、大会は全員一致でこれを承認した」とある。これが統制委員会の報告とどういう関係にあるかは、寺田報告の内容が一行も書かれていないため、まったく不明である。

●10大会における統制委員会の報告は9大会のコピペ

10回大会も似たようなものである。統制監査委員会報告にある「党員からの各種の上申ならびに提訴」は以下に限られる。「再審査」の用語はここでも使われていない。

「本委員会はこの期間、党員から各種の上申ならびに提訴を受け、これを処理いたしました。処理にあたっては、党員の権利を尊重するとともに、第66条に定められた『責任をもって、すみやかに処理する』ことをたてまえとして、誠意と公正な態度をもって処理いたしました。」

9大会の報告のコピペのようなものだ。党員の訴えは軽く扱われているという印象しかない。ただそうなったのは、党員の「上申、提訴」が減っていくという楽観論があったからかもしれない。こういう文章が続いているのだ。

「上申、提訴をあつかって痛感することは、第9回大会後、わが党の団結は中央委員会を中心に、全党員が各級機関のもとに、政治的、思想的、組織的に強固な団結を示しており、政治路線、組織路線にもとづく党活動が前進、発展しているということであります。第8回党大会後の上申、提訴は109件あったものが、今期はわずか22件に減りました。このことは、各級機関と幹部の下部組織、党員にたいする指導、党員の活動、党生活、規律がいちじるしく改善された結果であると考えられます。」

実際、統制委員会による報告なるものは、この大会を最後にその後は行われていない。そして、11大会、14大会、15大会は、大会幹部団が代議員に委託して「上訴」に関して報告させるやり方となる。16大会以降は、その種のことも大会ではされなくなった。

10大会の報告を見てびっくりしたのは、「上申、提訴」とは党員からのものだけではないということだ。報告の続く部分で述べられているように、以下のように党支部（当時の細胞）からのものも扱われている。

「この問題で注意しておきたいのは、ある地区機関が、細胞から本委員会にあてた上申書を独断で返却したため、細胞は2度目の上申書を本委員会に直接提出してきたということがありました。このように中間機関が党員および下部組織から上級機関にあてた上申、提訴を独断で処理したり、または、にぎりつぶしたり、不当に党員の上申、提訴をおさえることは規約に示された党員と組織の権利を侵し、上級機関の任務、権能をさまたげるものとなるのでこのような規約に抵触する誤りは改めなければなりません。」

●私の再審査は先例をふまえてされたという山下報告は正しい!?

以上のことから何が分かるだろうか。5つのことが言える。

1つ。「党員からの各種の上申ならびに提訴」を扱ったというのだから、それが除名の再審査を意味していたと言われれば、完全には否定できない。けれども、規約で「再審査」が規定された58年以降の「前衛」大会特集号をすべて見渡しても、一度も「再審査」の用語は出ていない。そうやってこれまで再審査したことを党員に知らせてもいないのに、今になってそれを「先例」と言いきるのは、余りにも恥知らずではないか。

2つ。しかも、除名の再審査がやられたとしても、「上訴」や「上申書」がそれに限られなかったことは明白だ。最後の引用文にあるように、「細胞」（現在の支部）からの「上申書」も処理の対象になっているのである。規約上「もっとも慎重におこなわなくてはならない」除名が、他の問題と同じ位置づけだったということになる。

3つ。注意してほしいのは、統制監査委員会による9大会報告でも10大会報告でも、「この期間、党員から各種の上申ならびに提訴を受け、これを処理いたしました」と、「過去形」で報告されていることだ。すでに処理済だと大会に報告しているのである。これが大会での再審査のことなら、過去形にはせず、大会として受理したのだとして、現在進行形で報告したのではないだろうか。

これは推測だが、統制監査委員会には特別に大きな権限があったので、党員から除名も含む処分の再審査請求があったとき、委員会の責任で決定してきたし、大会にはその結果を報告をしただけだったのではなかろうか。そしてそれが慣行となってきたのではなかろうか。

これは私の除名再審査をめぐる29大会でのやり方と似ている。上訴などのなかに除名の再審査が含まれていれば、山下報告は正しかったと言い張る根拠になるかもしれない。上訴が処理されたのは9大会、10大会、11大会、14大会、15大会の5回なので（8大会ではされていない）、5回説まで正しいということになる。

ということは、私の敗北なのだろうか⁉

●山下報告は、完全な誤りか規約の蹂躙か、そのどちらかである

いや、そうではないのだ。

4つ。9大会から15大会までのやり方は、私の場合と似ているようではあるが、根本的に異なる面がある。

これを考える上で大事なことは、私が再審査を求めた相手は中央委員会ではなく、あくまで大会だったことである。そしてそれが党中央にも受け入れられた。党中央からは私に対して、再審査がやられるかどうかについて（再審査請求書を受理したかどうかも含めて）何の連絡もなかったが、その理由は、山下報告で冒頭「大会幹部団は、……松竹氏の『再審査請求書』を党大会として受理し」としているように、受理するかどうかの権限も大会にしかないという形式をふまえたからである。つまり、中央委員会が大会前に勝手に判断して連絡できないことにしたからだ。

一方、9大会、10大会の記録から分かることは、上申書、上訴は私の場合のように大会が受理したのではなく、大会から大会までの間に統制監査委員会が受理していることだ。また、審査したのも私のように大会で選ばれた幹部団ではなく、統制監査委員会だった。それだけでなく大会が開始される前に「処理」まで終わっている。私の場合と同じなのは、大会に報告して代議員の拍手で承認されるという最後の行為だけであった。

このやり方は16大会（82年）までの規約では当然のことだった。7回大会での確定以来、「処分をうけた党員は、その処分に不服であるならば、再審査を要求することができるし、中央委員会および党大会にいたるまでの上級機関に訴えることができる」となっていたからだ。現在と異なり、除名だけを区別して処理する考え方はなかったし、訴える相手の機関として大会と中央委員会の2つを特別扱いする考え方もなかったのだ。

つまり、9大会、10大会の記録を見る限り、私のような大会限定での再審査ではなかったということだ。先例にはならない。

5つ。11大会以降の3つの大会での「上申書」「上訴」がどのようなものだったのかは、公開された記録がないので確定的なことは言えない。もしかしたら、除名された党員が私と同じように大会限定の再審査を求め、党中央が対応した可能性もないではない。その場合は、大会幹部団が関与したやり方も含め、党大会で除名の再審査が実施された先例となることだけは確かだ。

しかし、たとえそうであったとしても、除名されたものの再審査は大会か中央委員会が行うという党規約の規定は、16大会（82年）の規約改正で決まった事実が大事だ。改正した理由は、すでに紹介したように、「(除名に限っては）問題の性質からして中央機関のみで処理する」（「党規約一部改正についての中央委員会の報告」）というものだった。それほどの重要な改正だったのに、それ以降、今年の29大会に至るまでの42年間を見れば、大会での再審査は一度もやられていないのである。

私の再審査は、除名の再審査は大会と中央委員会だけが行うという新しい規約のもとで、はじめて実施されるものだった。だから、９大会から15大会までの「上訴」処理のなかに大会での除名の再審査が含まれていたとしても、それは除名を特別扱いしない古い規約のもとでの事例であって、新しい規約のもとでは先例になりようがない。何のための規約改正だったのかということになる。

つまり、形式的に先例が存在していたとしても、それを先例にすることは改正規約の精神を蹂躙するということだ。私の再審査は先例をふまえてされたという山下報告は、完全な誤りであるか、規約違反になりかねないものか、そのどちらかである。

第13号

(2024.530)

中学生でも分かる訴状解説・上

〈裁判の第1回期日である6月20日まで1か月を切った。昨日、東京土建を除名されたが裁判で勝訴した方を訪れ、今後の協力関係についてご相談してきた。ということで私はどんどん準備を進めていて、本来なら被告の共産党からも答弁書が出てくるだろうから、それへの反論でも連載しようと考えていたが、いまだに提出されていない。その代わりと言ってては何だが、実際に闘いが開始され、広く支援を求める局面が来ることを考えると、私の長い訴状の全文を読まないでも裁判の意味を分かってもらえるような努力が必要だと考えた。じつは、私の裁判の行方に関心を持つ共産党のある地方専従者が、きわめてコンパクトで正確な解説を書いてくれていて、私が書くよりも的確だと思ったので、すでに応援隊ブログに載せている。4回分あるのだが、それを3回分に分けて掲載していく。最後にそれの「まとめ」も載せる。今回は、裁判を受ける権利の問題と、除名の手続き上の瑕疵の問題である。〉

松竹伸幸さんが起こした訴訟の「訴状」を読んでいきます。

そのまま読んでも十分わかりますが、とっつきにくいことばや理屈がチラホラあるので、ここでは、そうですね、中学生くらいでも読めるように解説していきます。

●登場人物は、
・裁判をおこした人（原告）は松竹伸幸さん。
・おこされた人（被告）は日本共産党（代表は議長の志位和夫さん）。

●松竹さんが裁判で求めているものは、
①松竹さんを日本共産党の党員にもどしてください。
②共産党は、松竹さんにつぐないとして550万円はらってください。

●どうしてその裁判をおこしたか、かんたんな事情と理由
日本共産党の党員だった松竹さんが2023年2月に「共産党の党首を党員みんなでえらぶ制度をつくってほしい。その選挙制度ができれば、私（松竹）も立候補して党首になろうと思います」という趣旨の本を出版しました。

ところがその本を出したために共産党から「共産党の党内ルール（規約）に違反した」といわれ、共産党から追放（除名）されるという仕打ち（処分）を受けました。

松竹さんは、その処分のやり方も、処分の「理由」としてあげられている中身も、法律違反（違法）

だと主張して裁判をおこしました。違法なので処分は無効だったと認めてくださいと求めました。
また、共産党は自分たちの新聞（しんぶん赤旗）で松竹さんの名誉を傷つけることをくり返し書いたので、松竹さんにつぐないのお金を共産党ははらうべきだということも、松竹さんは求めました。

●裁判であらそう3つの柱

裁判では大きくいって、次の3つのことが争いになるでしょう。

（1）そもそも、コレ、裁判になるのか？
松竹さん「裁判になる！」　共産党「ならない」

（2）処分の手続きがおかしいのでは？
松竹さん「おかしい！」　共産党「おかしくない」

（3）処分の理由の中身がおかしいのでは？
松竹さん「おかしい！」　共産党「おかしくない」

【第1の柱　そもそも、コレ、裁判になるのか？】

世の中にはいくら争いごとでも裁判にならないことがあります。
例えばAさんは俳句サークルの会長になりたかったけど、そのサークルでBさんが会長になってしまったとして、「おかしい！」と怒ったAさん。果たしてAさんは裁判所に裁判をおこしてこの件を争えるでしょうか？

「もちろん、りっぱな裁判になるよ」という気もするし、「いやいや、そんなのサークル内で解決してよ」という気もしますよね。

「そもそもこの事件は裁判で争えるの？」（「争訟性」があるかどうかといいます）――これが松竹さんの裁判では争点の一つになります。

えっ？　そんな入り口のところも争いになるの？　とびっくりされるかもしれません。これには理由があります。

（1）過去の最高裁判所（最高裁）の判決では「そんなの政党の中で解決してよ」という判決が出ている

袴田里見さんという副委員長だった人が共産党を除名され、共産党から住む家をあたえられていたのですが、袴田さんが共産党から「出ていってください」と言われ、裁判で争った事件があったのです。その判決が1988年に最高裁で出ています（共産党袴田事件）。

それは「除名とかの処分は、原則として政党のなかで解決してください」「政党内部でやった処分が、国や社会の法の秩序をこわさないようなものなら、裁判所はそうした政党の中での争いには口をはさみません」という趣旨の判決だったのです。つまり「そんなの政党の中で解決してよ。裁判所にもちこまないで」という判決です。

これは、社会全体ではなく、その社会の中の、「団体」とか「政党」とか「サークル」とかいった小さな社会（部分社会）に自分からのぞんで入った以上は、その小さな社会の中でのルールにしたがってね、また、その小さな社会で決めていることにいちいち裁判所は口を出しませんよ、という考え方で、「部分社会の法理」とよばれます。

一般社会ではどんな服でも自由に着る権利があるはずなのに、高校に入ると制服を強制されますよね。それに似ています。

最高裁でくだされた判決はとても重いものです。法律と同じくらい強い力があります。とうぜん共産党は「ほら、最高裁の判決があるでしょ。だから、松竹さんの訴えは、そもそも裁判所の裁判で争うのにはふさわしくないんですよ」と言います。メディアのコメントなどでもそう言っていますよね。

だから、そもそも裁判になじむかどうかが入り口で争われるのです。

じつは共産党袴田事件のあとも、ほかの政党で、除名処分などをあらそった事件があったのですが、どれもこの「部分社会の法理」でしりぞけられています。最高裁判決ですから、それにそった判決になるのは、いたしかたないところがあります。今回の松竹さんの裁判は、それをくつがえそうというのですから、かんたんな仕事ではありません。

ではそんな判決がすでに出ているのに、松竹さんにはどういう言い分があるのでしょうか？

（2）「いやいや裁判になりますよ」という松竹さん側の言い分

松竹さんの言い分は、かんたんにいえば「日本国憲法には〝国民は裁判を受ける権利があるよ〟（32条）と書いてあるじゃん」「そして〝どんな紛争も法律にあってるかどうかをみて解決する権限（司法権）を裁判所は持っているよ〟（76条1）とも書いてあるじゃん」ということです。それなのに「グループ内のルールで解決すればいいから、法律は関係ない」とか「裁判は受けさせない」とか、おかしいでしょ、ということなのです。

でも、「部分社会の法理」をみとめた最高裁判決にもそれなりに理屈がたっているようにもみえますよね。

そこで、松竹さんは「最高裁判決がいうような話は、キビしい条件がついたときに限るべきです」と言っています。どんなときでしょうか？

●裁判しなくていいというのは、憲法になにか根拠がある場合に限ります

なんでもかんでも団体やサークルが決めればＯＫなら、裁判を受ける権利や司法権は意味がなくなってしまいます。なので、「裁判にはなじまない」といえるのは、憲法になにか根拠がちゃんと書いてある場合に限るはずです。これは松竹さんが勝手に考えたことではなく、最高裁の裁判官が判決の中で意見としてのべていることでもあります

「憲法になにか根拠があれば、裁判を受ける権利や司法権は制限してもいい」――これが松竹さんの主張する「キビしい条件」です。裏返せば、憲法に根拠がなければ、裁判をちゃんと受けさせて、法律に合っているかどうか、裁判所はしっかり判断してくださいね、という意味でもあります。

●政党は憲法に定めがないので「憲法に根拠がない」と言えますよね

共産党は政党です。しかし、政党は憲法になにか定めがあるわけではありません。どこを読んでも日本国憲法に「政党」について書かれたところは見つかりません。

ということは「憲法に根拠がない」ことになります。

だから、政党のルールだからといって、裁判を受けさせないほどの特別扱いをする理由はありません。

つまり、政党をめぐるトラブルは、きちんと裁判であらそわれる性格のものですよ、ということになります。

●「いや『結社の自由』という憲法上の根拠があるよ」という反論は成り立たちません

この松竹さんの主張にたいして、こういう反論があるかもしれません。

「結社の自由という定めが憲法（21条）にはあるじゃないか」。

どういうことでしょうか？

「結社の自由」というのは、国民がどんな団体・政党・サークル・グループをつくるのも自由です、国はそのことに口出ししません、という定めです。

王様の力が強かった時代には、「国の政治に反対する団体をつくることは禁止する！」なんていう法律が平気でありました。でも、そんなことをやっていたら民主主義が育ちませんよね。それでどの国の憲法にもこういう定めがもりこまれるようになったのです。

この定めをひっぱってきて「だから国は団体のことには一切口出しできないのだ。ほら、憲法上の根拠がちゃんとあるでしょ？　だから団体のルールや団体で決めたことを裁判に持ち込んで、国が口出しするのはよくない」…こういう理屈が成り立ちそうです。

だけど、果たしてそうでしょうか？

じつは過去の裁判を見れば、団体のこまかい取り決めやルールに口出ししているものなんてたくさんあります。

たとえば1975年に、労働組合の組合費を臨時で集めることについて、組合員はそれにしたがう義務があるかどうかを裁判であらそい、最高裁は判決を出しているのです。そんなこまかいことまで裁判で口出しすんの…⁉と思ったあなた、そのとおりですよね。

だから、「結社の自由」を口実にして、「団体の中で決めたことを裁判であらそうことはできない」とはいえないことがわかります。

●2020年に「部分社会の法理」を変える判決が最高裁で出ています！

しかも2020年に「部分社会の法理」を変える判決が最高裁で出ています。

市議会や町議会などの地方の議会で、多数決によって、ある1人の議員を「議会に出席してはいけない」などの懲罰をくわえることがあります。そうなると、「めちゃくちゃな決定だ！　おれをいじめるやり方はやめろ！」とトラブルになりやすいわけです。それで「こんな懲罰は無効だ！」と裁判に訴えるケースがけっこうあるわけです。

しかし、裁判に訴えても、多くはこの「部分社会の法理」によって、「地方議会が決めたことなので…」と裁判所は入り口でしりぞけてしまってきたのです。

ところが、2020年に最高裁が、この「部分社会の法理」を変える判決を出したのです。

これまでの判決でくりかえされてきた「自分たちでものごとを決めているような小さな社会や団体で

は、自分たちのことは自分たちで決めるべきなので、必ずしも裁判に訴えるのは適当ではありませんね」という趣旨の部分が、まるっとなくなったのです。

しかも、「議会には一定の裁量がありますが…」というふうに判決には書かれていて、裁量（その人の考えによって判断し、処理すること）ではあるけど、「一定」＝ある定まった範囲に限りますよ、という限定をしているのです。なんでもかんでも地方議会で決められます、とはしなくなったのです。

こんなふうに、「部分社会の法理」はゼッタイに動かせないものではなく、大きく変わりつつあるのです。

●政党のあり方は国民の重大な関心事だから、裁判所がかかわれないようにしてしまうとマズい

1970年の最高裁の判決では「政党のあり方いかんは、国民として重大な関心事」と言っています。

そりゃ、そうです。国民が政治に参加するとき、すごく有力なチャンネルになるのが政党ですからね。個人がナマの形でかかわるんじゃなくて、まず好きな政党に入って、その集団のなかで党首や議員の候補選びにかかわったり、政策づくりに参加したりして、政党として政治にかかわる…というかかわり方がメジャーです。

それなのに、政党がどんなことをやっていても、裁判所が一切かかわれないとしたら、マズいですよね？

【第2の柱　処分の手続きがおかしいのでは?】

共産党が松竹さんを処分した手続きがおかしい。
おかしいと思う理由は3つあります。

(1) 手続きがおかしい①：処分ができる支部から処分の権限をとりあげた

会社で社員のルール違反があったら、課長がその社員を罰していいでしょうか? いえいえ、勝手にそんなことをしたらダメですよね。会社の中で調査をする部署があって、言い分を聞いて、処分をする部署がちゃんとあります。

共産党も同じです。

共産党はヒラの党員が3人以上あつまると、地域や職場ごとに「支部」といういちばん基礎になる組織をつくります。ほとんどの党員がどこかの支部に所属しています。松竹さんは京都の出版関係の党員たちがあつまった支部(新日本プロセス支部)に所属していました。

その地域の支部が20とか30あつまって、「地区委員会」をつくっています。

支部をたばねて、めんどうをみている上の組織ですね。（ちなみにその上が「都道府県委員会」、そのさらに上が「中央委員会」です。）

共産党のルール（規約）では、ヒラの党員が問題をおこしたら、その党員がいる支部が調査をして、総会をひらいて、その党員の言い分をよく聞いたうえで、処分をすることができますよと定められています（50条）。

ところが、松竹さんの事件では、支部よりも上の組織である地区委員会が、その権限を支部からとりあげて、勝手に処分してしまいました。

ただし。

規約には「特別な事情」がある場合には、とりあげてよい、と定められていました。

●支部がちゃんと「地区委員会で決めていいよ」と同意しないと「特別な事情」にはならない

地区委員会が好き勝手に支部から権限をとりあげたらダメですからね。大きな支部には、支部の会議で選挙されたリーダーたちが指導部をつくっています。これを「支部委員会」といいます（松竹さんがいた支部にはありました）。

「特別な事情」でとりあげる場合、少なくともこの支部委員会が同意しないといけないでしょうね。

なぜなら、規約では処分、とくに除名は「もっとも慎重におこなわなくてはならない」とわざわざ定めているくらいデリケートなものだからです。

●支部の同意はなかったし、「特別な事情」もなかった

ところが松竹さんの除名処分の権限を、支部からとりあげることについては、支部での同意もなかったし、支部のリーダーたちの集まりである支部委員会の同意もありませんでした。共産党側が「電話で同意をとった」という支部委員会の委員さんも、「説明は受けたけど、処分することを同意したおぼえはないんですが…」と言っています。

それでも。

もしも、支部が崩壊してたら？　たとえば支部のほとんどのメンバーが幽霊党員で、もう全然支部会議には来なくなっていたら？　そのときは、支部の同意がなくても「特別な事情」だと考えて仕方ないかもしれませんね。

でも、そんなことはありませんでした。支部は元気に活動していたのです。

●共産党側が言っている「特別な事情」はヘンだぞ

支部の同意もない。支部が崩壊しているということもない。

じゃあ、「特別な事情」なんてないのでは？

いやいや、共産党側はあくまで「特別な事情があったんです！」と主張します。その「特別な事情」というのは、「松竹さんがメディアや記者会見をして、共産党の攻撃を始めていたから、急いで対応する必要があったんです！」というものでした。攻撃。まるで、「暴漢が襲いかかってきたので、やむをえず原則とは違う、緊急の対応をした」…みたいなイメージでしょうか。

だけど、松竹さん自身は「あくまで綱領と規約の範囲で意見を申し上げますね」と述べています。それを共産党側が勝手に「攻撃」と決めていいんでしょうか。

もちろん、よくよく調べたら綱領も規約も超えてしまったルール違反、共産党の言うところの「攻撃」なのかもしれません。だけど、まさにそれこそルールどおり支部がきちんと調べて結論をだして、必要なら処分すればいいだけのことです。急ぐべきなら、支部がそう判断して、急いでやればいいんです。「攻撃」という抽象的でばくぜんとした「理由」で、なんでもかんでも支部から権限をとりあげられるわけじゃないのです。

●ちゃんとした手続きを無視したやり方なので民法に違反します

みてきたように、支部で決めるべき処分を、共産党側が支部の同意もまともな理由もなく勝手にとりあげて決めてしまっています。これは、団体としてちゃんとした手続きをふみじるようなひどいやり方です。民法90条に書いてある「公序良俗」、つまり国や社会の秩序とか、世の中の常識的な道徳に反するものです。

（2）手続きがおかしい②：松竹さんに規約にある意見表明をさせなかった

●共産党の規約では処分される人の意見表明の権利が定められている

共産党の規約では処分される人には「その会議に出席し、意見をのべることができる」（5条）、「十分に意見表明の機会をあたえる」（55条）と念入りに定められています。

●もちろんじっさいに会議に出て意見がのべられるように案内しないとダメ

でも、あいつを出席させて意見を言わせたくない、あいつの意見を聞いたら「処分しなくていい」ってなっちゃうかもしれないし……そんな思惑から、会議の日程や場所をわざと伝えなかったり、伝えてもめちゃくちゃわかりにくいように伝えたり…そんなことをしたらダメです。

権利をしっかり実行してもらえるように、マジメに、きちんと案内すべきです。あたり前ですね。案内をきちんと受けた上でどうするかは、もちろん本人の自由です。

●松竹さんには通知なし

ところが、松竹さんには、いつ・どこで、その会議があるかについては、共産党側からまったく告知がありませんでした。

同じ時期に除名された鈴木元さんには、共産党側は具体的な日時や場所をちゃんと知らせています。それと比べても異常です。

つまり、規約に定められた意見表明の機会を、松竹さんは奪われてしまったのです。

●これもちゃんとした手続きを踏みにじっており、民法に反します

というわけで、この点でもやはり松竹さんの除名は規約上の手続きを踏みにじっており、さっきのべたとおり民法の「公序良俗」に反します。

（3）手続きがおかしい③：松竹さんの除名の再審査もひどかった

共産党の規約では、除名されたあとでも、「納得いかない。もう一度よく審査してくれ」と中央委員会（共産党の指導部）と党大会（共産党の最高の意思決定機関）に願い出れば、ふたたび審査するという「再審査」の制度があります（55条）。

●再審査で松竹さんの意見表明も、みんなの討論もなく、多数決もなかった

除名は「もっとも慎重におこなわなくてはならない」というのが規約の定めでした（54条）。また、「党の意思決定は民主的な討論をつくし、最終的には多数決で決める」（3条）とも書かれています。

とすれば松竹さんの再審査は、共産党の最高の意思決定機関である党大会で、松竹さんが意見表明を

おこない、参加者みんなで民主的に議論をつくし、最後は多数決で決めるべきですよね。

ところが、じっさいにはどうだったでしょうか。

大会の一部の人（大会幹部団）だけが、松竹さんの願い出を「審査」して、「松竹さんの申し出はダメ」という結論を大会に報告し、大会ではそれについての討論の機会もなく、決を採ることもなく、つまり多数決ではなく「拍手」で承認されただけでした。賛成が何人で反対が何人なのか、まったくわからないのです。もちろん、党大会では松竹さん自身が意見をのべる機会は、まったくあたえられませんでした。

●これもちゃんとした手続きを踏みにじっており、民法に反します

というわけで、この点でもやはり松竹さんの除名は規約上の手続きを踏みにじっており、さっきのべたとおり民法の「公序良俗」に反します。（続）

〈以上、1回目と2回目を1つにまとめて掲載した。私にとって裁判は人生で初体験で、分からないことだらけである。弁護士からいろんな問題提起があり、訴状の案を見せられたりしても、率直に言ってついていけない用語や論理がある。判例を覆そうというのだから、これまでの常識にとらわれないチャレンジが必要なことも、ついていくことを大変にしている。今回のメルマガ連載で解説されている除名の手続きに瑕疵があったという問題も、私が「これが大事でしょ」と思って「これで行こうよ」と提起しても、弁護士からはそれは法廷ではあまり通用しないと指摘されたりもする。そんな中で、党の地方

専従者がこれほど深く訴状の論理をつかみんでくれていてびっくりしたし、だからこそだろうけれど、きわめて分かりやすくコンパクトに解説してくれた。こういう専従者を大切にできる組織ならば、共産党の未来はまだまだ明るいなと思っている。〉

第14号

（2024.6.6）

中学生でも分かる訴状解説・中

〈被告である共産党の答弁書はまだ裁判所に提出されていない。だから、前回から3回連載で共産党の地方専従者による私の訴状解説を載せているが、それを継続するしかない。今回は3つ目の柱で、ここでは共産党が私を除名した理由の中身がおかしいことが書かれている。私が綱領や規約に反したとか分派をつくったとか言われているが、では綱領とか規約とかのどこにも違反していないでしょうということである。あるいは私の行動は分派とは言えないでしょうということだ。その上で、憲法の結社の自由と、同じく憲法の出版の自由はどこで折り合わなければならないかが述べられている。ところで、訴状というのは、私のHPにある全文を見ていただければ分かるが、代理人である弁護士の名前で出されている。私自身が書くものではない。ただ、私の裁判なのだから、私も納得できるものでなければならない。とはいえ、訴状のなかで一箇所、すごく決断に迷ったことがあったのだ。私は現在の綱領と規約は正しいと主張し、だから『シン・日本共産党宣言』のなかで一言も批判していないのだが、それとの整合性が問われる記述があったのだ。けれど、この訴状解説では、そこがうまくクリアーされている。どの部分のことかはこのメルマガの最後に私が解説している。ところで先日、ある自由法曹団の弁護士とお会いした。用件は裁判とは何の関係もなかったが、学生運動では私と同期であり（東大卒で同期の弁護士もいるが、私と同期ということは志位氏とも同期であり、さすがにご迷惑だろうから除名後はお会いしていない）、これだけの問題を抱えているのだから、お互い、裁判を話題にするのをちゅうちょすることはない。いろんなアドバイスも頂いたし、被告側の弁護人のなかには同期の人もいて親しいということで、大事なことも教えてもらった。早く答弁書を出してくれないかなあ。〉

【第3の柱　処分の理由の中身がおかしいのでは？】

さて、裁判では除名処分の手続きだけではなく、処分の中身自体が正しかったかどうかも争います。

（1）共産党側が主張する「処分は正しい」という根拠

共産党側は「松竹さんを除名処分にしたことは正しい」と言っています。その理由としてあげているのは、次の3つです。

その1。松竹さんは、党首を党員みんなの選挙で選ぶという「党首公選」をすべきだと本で書いていること。そして、今の共産党の選出や運営が「党内にあるちがった意見（異論）を見えるように（可視化）していない」「異論のない・許さない政党のように国民からは見えてしまう」ということを言っている。

その2。松竹さんは、本の中で、「核抑止抜きの専守防衛」つまり、日本の同盟国であるアメリカがもっている核兵器のおそろしさによって相手の国をおさえこむやり方をやめて、フツーの兵器だけを使って攻められたときだけ初めて守りの戦いをすることに徹しようという考えを書き、日米安全保障条約（安保条約）をやめないということ、自衛隊は憲法に合った組織だとみなすことを、共産党の基本の政策にすべきだと主張した。そして、今の共産党の政策である「安保条約をやめます」「自衛隊は憲法違反です」という政策が、「他の野党と協力したり、政権をめざす上でジャマになっている」と言ったこと、あるいは、「その共産党の方針は今はタナあげしときますというのは、相手からみるとその場しのぎで、都合がよすぎないか」という趣旨のことを書いた。

その3。『志位和夫委員長の手紙』という本を出して、「同じ時期に本を出したほうが売れますよ」と言った。

この3つです。

ただ、この3つがそれぞれ、共産党の規約のどこに違反しているのか、よくわからないので、共産党さんは、すいませんが、それを明らかにしてもらえませんか。

（2）いきなり除名っていうのはとにかく常識的な対応じゃない

●勧告でも説得でもなく、いきなり除名はいかがなものか

ひょっとしたら松竹さんはルール違反したかもしれません。

でも、その場合まずは「もしもし。あなたはルール違反ですよ。そんなことは、やめてください。やめないとまずいことになりますよ」という「勧告」をしたり、「ねえ、ルール違反だよ。そんなことは、やめるべきだよ。あなたのやっていることは、ルールのこの部分に違反しているよ」という「説得」をしたりするのが、常識的な対応じゃないでしょうか。

しかし、松竹さんはいきなり除名、つまり党から追い出されました。

こういう共産党側の対応は、世の中の常識からみて大きく外れています。ここでもやはり民法の「公序良俗」違反だといえるでしょう。

●党首になろうと言った人を除名するということは政党の比例代表から選挙に出る権利を奪うものではないか

松竹さんは、「党首公選によって私が共産党の党首になりたいです」という主張をして共産党から追

放されてしまったわけですが、それって、共産党という政党から比例代表の候補者として出る権利を奪ったことになりませんか？

衆議院にはたとえば東京2区とか福岡1区とか、地域から選ばれる議員さんがいますが、それとは別に、「政党の名前を書いて投票してください。そうしたらその得票の数におうじて当選する議員さんの議席をその政党にあたえます」という比例代表でえらばれる議員さんと2種類います。参議院もほぼ同じ制度があります。

共産党の場合は、比例代表の名簿にあらかじめ順番をつけて、その順番で議席をもらっていきます。共産党には3つ議席をあげますね、となれば、名簿の上から3番目までが議員に当選したことになります。

共産党の党首は、衆議院の比例代表の名簿のトップでした。つまり、党首になれば、比例代表の名簿のトップに来ていたわけで、松竹さんが党首になるチャンスを追放によって奪われたとすれば、それは比例代表から国会議員に立候補するチャンスも奪われたということではないでしょうか。

過去の裁判でも、ある団体のメンバーの立候補のチャンスを、その団体が奪って、団体としてそのメンバーに罰をあたえた事件があり、「やりすぎだ」という判決が出たことがあります。

この点からも、松竹さんをいきなり追放した共産党側の対応は、ある意味で立候補のチャンスを奪うものですから世の中の常識からみてかなりマズいものです。ここでもやはり民法の「公序良俗」違反だといえるでしょう。

(3)「党の決定に反する意見は勝手に発表するな」という規約は運用次第では憲法に反してしまう

共産党の規約第5条（五）には、「党の決定に反する意見を、勝手に発表することはしない」という定めがあります。

この条文は、運用次第ですけど、憲法に反して、世の中の秩序や常識にそむくものになってしまうんじゃないかと思います。

●憲法に反するようなことは「不法行為」になる

憲法は人権について定めています。これは、国民一人ひとりが人権という権利をもっていて、国はそれを侵してはいけないというものです。

国（公、おおやけ）と個人（私、わたくし）のルールですね。

共産党のような民間の団体と、松竹さんという個人の関係、こういう関係を「私人の関係」といいますけど、憲法は国と個人の関係を管理するものだから、私人と私人の間のことについては関係ないんじゃない？　という意見があります。

だけど最高裁の判決では、憲法に反するような行為については、たとえ私人と私人の関係であっても、

「とっても大事な法律のうえでの利益として尊重しないとだめだよ」という趣旨の判決をしています。だから、私人の関係であっても憲法に反するような行為は、民法の定める公序良俗に反するということになってしまうのです。

●「勝手に意見を発表するな」という規約の定めは出版の自由を侵しかねない

そういう点からみたとき、共産党の規約第5条（五）にある「党の決定に反する意見を、勝手に発表することはしない」という定めは、運用次第では憲法が保障している「表現の自由」に反するものになってしまいます。

自分が書いた本が、100年の歴史をもつ共産党の決定のどこにも反していない、というのはなかなか判断が難しいことですよね。そうなると、「これ…書いていいのかな…こわいな。処分されちゃうんじゃないかな」とビクビクしてしまいます。ちぢこまってしまう、「萎縮」ってやつですね。そして、「勝手に発表しない」と定めているのですから、「じゃあ、すいませんが、事前にチェックしてもらえますか？」というふうになりがちです。これは、憲法で禁止されている「検閲」、つまり組織側が事前に表現をチェックし、不適当だと思ったものは許可しない・表現を変えさせるということになってしまいます。

もし、そういうことをしないですむような代わりの方法を共産党側が用意してくれているなら話は別ですが、別にそういうものもなさそうです。

だとすれば、この規約5条（五）の定めは、放っておけば憲法の保障する表現の自由に反するものになってしまいます。

（4）「党内に派閥・分派はつくらない」という規約の定めは党員じゃなくて党組織をしばるルール

共産党の規約で、松竹さんが引っかかってしまったとされる条文3条（四）に「党内に派閥・分派はつくらない」というのがあります。

でもこれは党員に対する禁止や義務じゃないですよね。党の組織の原則はこうですよという宣言みたいなもんです。

なぜそう思うかって？　じつは今の規約になる前の規約では、「党員の義務」として「派閥をつくり、分派活動をおこなうなどの党を破壊する行為をしてはならない」という条文があったのですが、新しい今の規約では「党は」という主語でこの原則をうたっているだけなんですよね。その後に「党員の義務」がずらずらと並ぶんですが、その中には入っていません。つまり、党組織そのものをしばっているルールであって、一人ひとりの党員をしばるものではないのです。

（5）松竹さんのやったことは規約で処分されるような中身ではない

共産党の規約では処分される場合というのは「党と国民の利益をいちじるしくそこなうとき」（48条）

だと書いてあります。だけど、松竹さんのやったことは、規約に反しているともいえないし、「党と国民の利益をいちじるしくそこなう」ともいえません。

●松竹さんのやったことは「分派や派閥をつくる」ことではない

さっき、「派閥・分派をつくらない」はそもそも党員をしばるルールじゃないですよと書いたんですが、仮に党員をしばるルールだったとしても、松竹さんがそれに反しているとは言えません。

具体的に松竹さんは「派閥」や「分派」をつくったんでしょうか？

共産党の党首だった宮本顕治さんは、かつて「分派」とは①党の綱領とは別に、自分たちのグループのための特別の政治綱領・政治方針をもっている、②誰にでも開かれているわけではない（閉鎖的）、③グループとしてまとまるための、自分たち用の独特なルールを持っている、という3つをあげました。

共産党側は〝松竹さんは鈴木さんという人と分派をつくった〟といって取り締まったのですが、この宮本さんのしめした定義にてらしてみると、①と③にはどう考えてもあてはまらないんですよね。だって、鈴木さんは綱領・規約を変えろと言っていて、松竹さんは綱領・規約を守れと言っている。ぜんぜんちがいますよね？　そして、出版のうちあわせのときに「同じ時期に出たら話題になりますよね」と言っただけ。グループの独特なルールなんて存在するはずもありません。これはただの言論・出版のための活動であって、分派とか派閥とかいう話ではありません。

どうしてもそうなのだと共産党側が言い張るのであれば、分派とはなにか、派閥とはなにかという定義、そして松竹さんがそこの定義にどうあてはまったのかを、共産党側が具体的に示す責任があります。

●松竹さんは「党に敵対」などしていない

また、共産党側は松竹さんが規約5条（二）に定める「党に敵対する行為」をしたと言っています。だから処分するんだと。

「敵対」って、「敵として党と対立する」ってことですよね？　もっといえば、日本共産党を否定し、滅ぼしてしまおうということです。でも、そんなことを松竹さんはしたのでしょうか？

共産党側が言う「松竹さんの問題行為」というのをみても、松竹さんが党首に立候補したときの公約みたいなものでしかありません。いわば政策です。共産党を否定しようとか、滅ぼそうとか、そんなものじゃないことははっきりしてますよね。だって、共産党の党首になりたいという人が、共産党を否定し、滅ぼしてしまってどうするんですか。

なのに、「党首に立候補したい」ということ自体を「敵対」とどうしても言い張るのであれば、それって、もう次の党首がホントは内定しているから…っていうことだとしか思えませんよね。

●松竹さんの言っていること「決定に反する意見」などではない

共産党の規約第5条（五）にある「党の決定に反する意見を、勝手に発表することはしない」というルールには、そもそも松竹さんはまったく違反していません。

〝松竹さんは党首公選を主張したから規約違反だ〟と共産党は言っているんですが、「党首公選をしてはならない」っていう規約の条文とか決定とか、そんなものがどこかにありましたか？　少なくとも松竹さんが本を出したときに。ぜんぜんなかったですよね。〝党首公選が、規約に書いてある共産党の組織原則（民主集中制）とは、あいいれないことはおのずと明らかだ〟とか共産党は言ってますけど、ぜんぜん明らかじゃありません。書いてないんですから。

それから〝「安保条約を維持することを党の基本政策にすべきだ」という松竹さんの主張が党の綱領に反している！〟と共産党側は言ってます。

たしかに昔の共産党の綱領は、「すぐに安保条約をなくします」というものでした。だけど2004年に新しい綱領になって、安保条約がまだある場合は自衛隊をどうするか、安保条約をなくした後はどうするか、というイメージ分けをしています。「安保条約がまだある場合」ということをちゃんと考えているわけです。

共産党の第22回党大会ではさらにくわしく3つの段階に分けて考える決定をしています。第一段階は、安保条約も自衛隊も残っているとき。第二段階は、安保条約はなくなったが自衛隊は残っているとき。第三段階は自衛隊そのものもなくしていくとき、です。だとすれば「安保条約がまだある段階」に見合った、基本的な政策をつくるのは、当たり前のことではないでしょうか。

しかも安保条約を積極的に認める他の党といっしょに政権を組む場合は、安保条約を「凍結」すると、党首だった志位和夫さんは2015年に表明しました。「凍結」というのは、安保条約をそのときはなくさない＝存在してもいいと認めるということです。

そして自衛隊についても、〝松竹さんは「自衛隊を憲法に合った存在（合憲）だと認めろ」と言っている。これは綱領に違反する〟と共産党側は言っています。

だけど、共産党の党首だった志位和夫さんは、〝日本が攻められたら、必要なら自衛隊を活用するのは「当然」だ〟とまで2015年に言っています。それは自衛隊が合憲だということを前提にしてますよね？　違憲のものは使えないし、違憲のものを使うのは「当然」ではないのですから。

こうして見てくると「米国による核抑止力（核兵器によるおどし）なしの、通常兵器だけの手段での、自衛隊による専守防衛（攻められたら守ることに徹する防衛政策）など主張してはダメ」とか「安保条約の維持を基本政策にしてはならない」とか「自衛隊の合憲を主張したらいかん！」とか、そんな党の決定は、新しい綱領をつくってからは存在しないことがわかると思います。

少なくとも松竹さんの言動が「党の決定に反する」ものでないことはわかってもらえるのではないでしょうか。もし松竹さんが「党の決定に反している」というなら、志位さんも「党の決定に反している」

ということになってしまいます。

そして、どっちにしろ、そういうことを公約にして党首公選に出たいと松竹さんが言ったからといって、それが「党に敵対」、つまり共産党を否定し、滅ぼそうとしているものじゃないってことは、ハッキリしているのではないでしょうか。

●処分の根拠になる「党と国民の利益をいちじるしくそこなう」という理由もどこにも書いてない
さっきも言いましたけど、誰かさんの行為が、たんに綱領や規約とくいちがっているというだけでなく、その人の行為が「党と国民の利益をいちじるしくそこなう」場合に、はじめて処分ができると規約に定めています。

だけど、松竹さんに対しては、彼のやったことが綱領や規約とくいちがっているとは共産党から言われましたが、「党と国民の利益をいちじるしくそこなう」かどうかについては何も言われていません。処分のための通知書にもなにも書いてないのです。そうだとすれば、処分のための条件がそろっていないことになりますよね?

●共産党のやった処分は「慎重」とはいえない
共産党の規約では、処分は「事実にもとづいて慎重におこなわなくてはならない」(49条)と組織側にタガをはめています。その中でも除名処分は「党の最高の処分であり、もっとも慎重におこなわなくてはならない」（54条）といっそう厳しいワクをはめています。

だけど、見てきたように、共産党のやってきたことは「事実にもとづく」ものでもないし、「慎重」でもありませんでした。共産党自身が規約に違反しているのです。

万が一、共産党のいうように松竹さんが規約に違反しているとしても、それは規約がイメージしている違反そのものの核心をつくようなものではなく、まあ、ひょっとしたら規約にふれてしまったかもしれない、というていどのものです。

「スズメを撃つのに大砲を使ってはならない」ということばがありますが、共産党の組織を、ルールにもとづくちゃんとしたものにしようという目的を達するために、松竹さんの行為にたいして、とにかく除名して追放してしまうという一番重い「罰」を課すのは、まさに「スズメを撃つのに大砲を使う」ことになってしまうのではないでしょうか。

だからこそ、共産党が松竹さんにやった処分は無効だといえます。（続）

〈さて、私が悩んだ点は何だったか、お分かりになっただろうか。訴状では、党規約の「党の決定に反する意見を、勝手に発表することはしない」という条項を取り上げて、「憲法条項に抵触する行為は、不法行為が成立し」と言いきっている。私はこれまで規約を尊重すると言ってきたので、ここはかなり

躊躇したのである。けれども、この解説はそこをクリアーしてくれているし、その観点でよく訴状を見れば矛盾がないこともわかってもらえるはずだ。なお、この解説文のなかでは、安保・自衛隊問題にかかわる基本政策のことが書かれている。『シン・日本共産党宣言』のなかで「安保条約を堅持する」という用語が出てくるので誤解されるが、私が現段階での共産党の基本政策として提唱しているのは「核抑止抜きの専守防衛」である。「堅持」とは、この段階では自衛隊も安保条約も維持されているという程度の意味であり、「核抑止抜き」によって日米安保の本質には大きな変更が加えられるはずである。〉

第15号

（2024.6.13）

中学生でも分かる訴状解説・下

中学生でも分かる訴状解説・下

〈さて、これまで共産党の地方専従者による私の訴状解説を3つの柱で載せてきたが、いよいよ今回が最後である。私の損害賠償の問題も分かりやすく解説してくれている。私が共産党に求めている損害賠償の額について、この解説だと合計が550万円だが、訴状では710万円となっていて160万円足りない。それは争っている「共産党員としての地位を確認してほしい」ということの値段なのだそうだ。お金に換算しにくいものはその額で決まっているということで、こんなことは裁判の当事者になって初めて知ったことである。なお、この解説のさらに後に、これまでの連載のまとめも書いてもらったので掲載しておく。私の裁判の第1回期日はちょうど1週間後の20日。昨日、ようやく共産党側の答弁書が裁判し余に提出されたそうだが、私の弁護団には届いていない。なぜ同時に提出しないのだろうか。〉

松竹さんは、今回の裁判で損害賠償も求めています。
大きくは2つの点です。

第1の点　ちゃんとした手続きを受ける利益をそこなわれた分
一つは、共産党の規約どおりのちゃんとした手続きを受けるのは、党員である松竹さんの権利・利益のはずですが、それをそこなわれた分です。自分の権利・利益をそこなわれたので、精神的にショックを受けたということです。
これを100万円と見積もりました。そして、そのための弁護士の費用10万円。あわせて110万円です。

第2の点　「しんぶん赤旗」で松竹さんの名誉を傷つけられた分
もう一つは、共産党の機関紙「しんぶん赤旗」で松竹さんの名誉を傷つけられた分です。5つあります。
①2023年1月21日付「松竹氏は、長い間党に在籍しながら、綱領を真剣に学んだことがあるのでしょうか」など

松竹さんが綱領を真剣に学んでいない、不誠実な党員だというふうに受け取られ、松竹さんのイメージダウンをまねきます。しかし実際には党本部に勤務して、政策委員会で安保外交部長という大事な役職についていて、そんな役職につくには共産党が「松竹さんならだいじょうぶ」といって決定しなければできないことですから、そんなはずはないのです。

②同年2月8日付「(松竹さんの記者会見は) 共産党に対する攻撃・かく乱者としての姿をあらわにするものとなっています」など

この表現をきいたフツーの人は、松竹さんはダメな人だなとまず思うでしょうね。やはり松竹さんのイメージダウンになります。

なぜ共産党が機関紙でこんなことを書いたかといえば、松竹さんが記者会見で「私が除名されたときいて離党すると言っている人は離党しないでください。大会に代議員として出て、除名に反対してください。そして党首公選をつくりましょうと発言してください」という趣旨のことを言ったのを根拠にしています。でもどれも共産党の規約にのっとって、みなさんやってくださいね、という話であって、たとえば「こっそり党の文書を捨ててしまえ」とか「党の悪口をかげで流してやれ」とか、そういう攻撃・かく乱を呼びかけているわけじゃありません。

③同年2月19日付「松竹伸幸氏は、〝善意の改革者〟を装っていますが、党の破壊者・かく乱者であることをみずからの言動で明らかにしています」「〝善意〟のかけらもないことはあまりにも明白です」など

まあ、これも聞けば松竹さんの社会的なイメージはダウンしますよね。

しかし、これも②と同じです。共産党の規約にそっての行動を呼びかけた松竹さんの発言に、共産党側が組織の「破壊」「かく乱」だと決めつけているだけです。

④同年2月26日付「外からいきなり攻撃するというのは、これは真面目な人のやることじゃない。悪意ある行動だ」など

「真面目な人のやることじゃない」つまり不真面目な人だとののしっているわけです。これも松竹さんのイメージダウンですよね。

これは松竹さんが『シン・日本共産党宣言』という除名のもとになった本を出版したことをさして共産党が言ったことだと思われます（「しんぶん赤旗」ではなにをさすのかくわしくのべてないのです）。だけど本を出すことそれ自体が「攻撃」になるとはとうてい考えがたいですよね。まあ、もし万が一、本の中身が攻撃にあたるものがふくまれていたとしても、それがなぜ真面目・不真面目につながるのでしょうか。理屈がとんでしまっています。

⑤同年12月1日付「〝本心を隠して党大会代議員になれ〟と『指南』することは、党内の率直で民主的な討論を、二心的な議論に置き換えようという、たいへんに卑劣なやり方と言わなければなりません」など

「卑劣」とか「二心的」とかいうのは、松竹さんが正々堂々としてない人間だというイメージをうえつけますよね。やっぱりここでもイメージダウンです。

これは松竹さんが、党員のみんなにむかってブログで書いたことです。大会で松竹さんの除名には反対だと言ってほしい、もし今の共産党の指導部のやり方に反対でもそのことを表明しないというやり方もありますよと言ったことを根拠にしています。

これは、松竹さんが新たに自分の同調してくれる人をつくろうとしているんじゃなくて、もうすでに同調している人はその気持ちを大会で表現してねと言っているだけです。しかもこっそり指示するのではなくブログで堂々と世界中に発信しているわけで、正々堂々としすぎていますよね。また、本心を徹底的に隠しなさいというんじゃなくて、聞かれないならわざわざ「私は今の共産党指導部のやり方に反対です！」と言う必要もないよね、くらいの話だと言っているのです。

以上の5つです。

これは2023年の1月から12月まで、長く、しつようにキャンペーンされました。しかも中身は松竹さんの人格を全面的に否定するものですから、きわめて悪質だといえます。

ジャーナリストとしてイメージダウンがキツいのでプラスして計算すれば400万円をつぐないとして、これに弁護士費用を1割の40万円。合計で440万円を払ってください。

これにさっきの110万円とあわせて、総計550万円の損害賠償を共産党は松竹さんに払ってください。

〈＊最後にこれまでの連載のまとめ〉

松竹伸幸さんは日本共産党の元職員であり、党員でした。『シン・日本共産党宣言』を刊行したことをきっかけに、2023年2月、「綱領と規約に違反し分派を形成した」として、共産党から除名されました。

松竹さんは2024年1月の共産党の党大会で再審査（規約第55条）を実施するよう求めてきましたが、松竹さんの再審査請求書は代議員に配布されることもなく、21名だけの大会幹部団の責任で再審査は却下されました。

これを受け松竹さんは除名処分の撤回と損害賠償を求めて、日本共産党を相手取って裁判を起こしました（3月7日）。松竹さんの主張は次の通りです。

（1）裁判で争える問題です

共産党は「憲法では結社の自由があり、ある団体の中でどういうルールや処分でメンバーを裁こうとも自由だ。裁判所の出る幕ではない」と言っていますが、なんでもかんでも団体内で勝手にできるわけではなく、憲法では国民が裁判を受ける権利などが認められています。また、最近の最高裁判所でも、団体が自分たちのことを決められるのは、ある決まった範囲だという判決を出しており、これは裁判で争える問題です。

（2）除名の手続きがおかしい

松竹さんを除名処分したとき、党の規約に定めたやり方どおりに共産党はしませんでした。①処分は共産党の「支部」という単位で決めるはずなのに、勝手にそこから処分権限を取り上げてしまいました。②「十分な意見表明の機会」が保障されているのに、松竹さんにはそのチャンスが与えられませんでした。③大会の再審査のやり方も冒頭に述べた通りの状況で、多数決での手続きもありませんでした。

（3）除名の理由がおかしい

党の規約では「党の決定に反する意見を勝手に発表しない」と定められ、松竹さんが出した本がそれに違反したと共産党側は言うのですが、何が決定に反するのかはあいまいですし、そうなるとなんでもかんでも事前チェックが必要になってしまい、この規定を組織の側がなんの制限もなくふりかざせば、憲法が保障する「出版の自由」が踏みにじられてしまいます。

また、松竹さんは、別に除名された鈴木元さんという人に「同じ時期に本を出せば話題になりますね」と言ったことが分派・派閥をつくったとみなされ、「党の中に分派・派閥はつくらない」という規約に違反したと共産党は言っています。しかし、この規定は組織のあり方を定めたもので個々の党員をしばるものではありませんし、松竹さんの言ったことはただの出版の打ち合わせであって、とうてい分派・派閥づくりとは言えません。そもそも共産党のいう「分派・派閥」の定義がはっきりしません。

松竹さんが「党首公選（党首を党員みんなの選挙で選ぶ）」を本の中で主張したことが規約に違反すると共産党はいうのですが、そもそも「党首公選をしてはいけない」という規約も決定も存在しません。

さらに、松竹さんが「安保条約を維持し、自衛隊を合憲とする」ことを共産党の基本政策にすべきだと言ったことが共産党綱領に違反すると共産党側は言うのですが、綱領や党の決定では安保条約がまだ存在する段階でどう対応するかを書いておき、その段階にふさわしい基本政策をつくるのは当たり前の話です。じっさい、共産党の党首だった志位和夫氏も、他の野党と連立政権を組む際に、安保条約を残し、自衛隊を合憲として扱うと言っています。

以上の3点から、松竹さんの問題は裁判できちんと審査されて、その上で松竹さんへの除名処分は撤回し、党員として復帰させるべきです。同時に以下の点で、松竹さんに損害賠償を支払うべきです。

（4）「しんぶん赤旗」での松竹さん名誉をくり返し傷つけた

共産党は、「しんぶん赤旗」で松竹さんのことを「綱領を真剣に学んだことがあるのか」とか「共産党に対する攻撃・かく乱者」「善意のかけらもない」「真面目な人やることじゃない」などとくり返し書いて、松竹さんの社会的評価を落としました。だから、名誉を傷つけた損害賠償を求めています。

この裁判は、大きくは「組織・団体がメンバーの人権を制限したり、処分などでひどい扱いをしても『結社の自由』を看板にすれば司法はほとんど口出しできない」という、これまでの悪い流れを変える裁判です。この裁判で松竹さんが勝利することは、松竹さん個人のことだけではなく、結社の自由と、メンバーの基本的人権が両立するという新しい歴史のページが開かれます。

〈次回のメルマガ配信日はちょうど裁判の第1回期日の日だ。その日、私は法廷で意見陳述を行う予定である。初めての体験であり、かなり緊張するかもしれない。次回のメルマガは、その意見陳述の全文を配信することにしたい。読者のみなさんに最初に読んでもらいたいので。ただ、通常のメルマガ配信は午前9時であるが、私が陳述するのは午後2時台になるので、配信は午後3時頃になると思われる。よろしくお願いします。〉

〈資料〉

訴状

3月7日東京地裁提出
5月7日一部訂正申立

訴　状

令和6年3月7日

東京地方裁判所民事部　御中

原告訴訟代理人 弁護士　平　裕介

同　弁護士　伊藤　建

（連絡担当）同　弁護士　堀田　有大

当事者の表示　別紙当事者目録記載のとおり

地位確認等請求事件

訴訟物の価額　710万円

貼用印紙額　4万円

目　次

て規定するところがなく、これに特別の地位を与えてはいない」

ウ　憲法２１条１項の保障する「結社の自由」は「憲法上の根拠がある場合」に該当しない

(4)　本件除名処分に関する司法審査のあり方

ア　本件除名処分は当然に司法審査の対象となる

イ　本件除名処分につき被告の裁量は認められない

3　本件懲戒処分の手続は違法である

(1)　支部が行うべき除名処分を特別な事情もないのに地区委員会が行ったこと（規約５０条）に係る違法

ア　規約５０条の内容

イ　支部の同意は「特別な事情」の重要な考慮要素である

ウ　本件では支部の同意はなく「特別な事情」も存在しない

エ　被告の「特別な事情」に係る主張には理由がない

オ　適正手続を没却する重大な手続違法があり、公序良俗違反がある

(2)　意見表明手続（規約５５条前段、５条１０項）に係る違法

ア　規約５条１０項、５５条前段等の内容

イ　除名処分を決する会議で意見を述べる権利は現実に行使可能な程度に告知されるべきである

ウ　原告が除名処分を決する会議で意見を述べる権利についての告知はなかった

エ　本件除名処分それ自体には、適正手続を没却する重大な手続違法があり、公序良俗違反がある

(3)　再審査手続（規約５５条後段）に係る違法

ア　規約５５条後段の内容

イ　再審査では、党大会で再審査請求を求める者の意見表明の機会が付与されるべきであり、民主的な議論がつくされたうえで最終的に多数決で決

するという手続がとられるべきである

ウ　再審査を一部の党幹部が行い、党大会で「報告」し承認を得るという手続は違法である

エ　本件の再審査では、原告の意見表明の機会はなく、民主的議論が尽くされることもなく多数決手続もとられなかった

オ　本件の再審査は、適正手続を没却する重大な手続違法があり、公序良俗に違反する

(4)　小括：本件除名処分の手続は違法無効である

4　本件懲戒処分は処分要件を満たさない

(1)　被告の主張する処分根拠

ア　本件通知書における処分根拠

イ　求釈明：各行為と処分要件の適用関係を明確にされたい

(2)　本件除名処分それ自体が公序良俗に反する

ア　本件除名処分は原告の党首選立候補を阻止するためのものである

イ　三井美唄炭鉱最大判によれば立候補の阻止は統制権の限界を超える

ウ　党首への立候補も公職への立候補と同視できる

エ　本件除名処分は公序良俗に反し違法である

(3)　規約5条5項第4文は無効である

ア　規約5条5項第4文

イ　憲法条項に抵触する行為は、不法行為が成立し、公序良俗に反する

ウ　規約5条5項第4文は憲法が保障する「出版」の自由等への侵害である

(4)　規約3条4項は党員の義務を定めるものではないから党員には適用されない

(5)　本件各規約の処分要件を満たさない

ア　3条4項に該当しない

イ　5条2項に該当しない

ウ　5条5項に該当しない

エ　「党と国民の利益をいちじるしくそこなうとき」にも該当しない

(6) 規約49条、54条違反

5 小括

第4 本件損害賠償請求が認められるべきこと

1 緒論

2 本件除名処分等は政党の内部規律の問題にとどまらず、政党の自律的な判断に委ねるべき事項ではないこと

3 本件除名処分による原告の手続的利益等の侵害

(1) 被告による原告の権利利益の侵害

(2) 損害の発生及び額：110万円

ア 慰謝料：100万円

イ 弁護士費用：10万円

4 党機関紙の記事公表による名誉・信用の毀損、人格権侵害

(1) 原告の社会的評価を低下させる事実又は意見ないし論評の流布

(2) 本件名誉毀損行為による原告の社会的評価の低下

ア 本件記事①

イ 本件記事②

ウ 本件記事③

エ 本件記事④

オ 本件記事⑤

(3) 損害の発生及び額：440万円

ア 慰謝料：400万円

イ 弁護士費用：40万円

5 被告は原告に550万円を支払うべきである

第5 結語

請求の趣旨

1　原告が、被告の党員たる地位にあることを確認する

2　被告は、原告に対し、550万円及びこれに対する令和5年2月5日から支払済みまで年3分の割合による金員を支払え

3　訴訟費用は被告の負担とする

との判決並びに仮執行宣言を求める。

請求の原因

第1　事案の概要

本件は、被告の党員であった原告が、被告党首に立候補するに先立ち、2023(令和5)年1月に『シン・日本共産党宣言　ヒラ党員が党首公選を求め立候補する理由』(文藝春秋、2023年。以下「本件書籍」という。甲1)を出版したところ、被告京都南地区委員会(以下「本件地区委員会」という。)から日本共産党規約に定める分派活動等に当たり同規約に違反するという理由で除名処分(以下「本件除名処分」という。)を受け(甲2)、被告党首に立候補することができなくなったことから、被告に対して本件除名処分の違法・無効を前提とする被告の党員たる地位の確認を求める(以下「本件確認請求」という。)とともに、本件除名処分が手続的及び実体的に違法であり、加えて被告が本件除名処分や本件除名処分を前提とする被告発行の新聞記事を公表したことにより、原告の名誉・信用・人格権等が毀損・侵害されたとして、民法709条に基づき、慰謝料等の支払を求める(以下「本件損害賠償請求」という。)事案である。

第2　当事者

1　被告は、「民主主義」(日本共産党規約2条・甲3)を組織原則として規定する日本の政党である。

2　原告は、被告の元党員である。

第3　本件確認請求に関する主張

1　本件確認請求における主な争点

本件除名処分は、政党という政治団体が所属党員である原告に対して行ったものであるから、本件除名処分に司法審査が及ぶか、すなわち本件確認請求は裁判所法3条1項が定める法律上の争訟性を有するか、法律上の争訟性を有するにもかかわらず司法審査の対象外とする憲法上の根拠があるかが争点となる。

そこで、まず、本件確認請求が「法律上の争訟」（裁判所法3条1項）に該当し、司法審査の対象外とする憲法上の根拠も存在しないことを明らかにした上で（後述2）、本件除名処分には再審査手続を含めて、手続上に重大な違法があること（後述3）、実体上も規約の定める処分要件を満たさないことから重大な違法があり（後述4）、本件除名処分が無効であることを論じる。

2　本件除名処分は司法審査の対象となる

(1)　共産党袴田事件最判は判例変更すべきである

共産党袴田最判（最3小判昭和63年12月20日集民155号405頁）は、「政党の結社としての自主性」のみを根拠に、政党の処分の当否に対しては、説示①「一般市民法秩序と直接の関係を有しない内部的な問題にとどまる限り、裁判所の審査権は及ばない」と判断した。また、説示②「一般市民としての権利利益を侵害する場合」であっても、自律的に定めて法規範があるときは、これが公序良俗に反するか否かを審査したうえで当該法規範に基づき、こうした法規範がないときは条理に基づき、適正な手続に則ってなされたか否かにより決すべきであると判断している。具体的な判決文の説示は次のとおりである（下線及び太字、①②は、原告訴訟代理人による。）。

政党の結社としての自主性にかんがみると、政党の内部的自律権に属する行為は、法律に特別の定めのない限り尊重すべきであるから、政党が組織内の自律的運営として党員に対してした除名その他の処

分の当否については、原則として自律的な解決に委ねるのを相当とし、したがって、①政党が党員に対してした処分が**一般市民法秩序と直接の関係を有しない内部的な問題にとどまる限り**、裁判所の審判権は及ばないというべきであり、他方、②右処分が一般市民としての権利利益を侵害する場合であっても、右処分の当否は、当該政党の自律的に定めた規範が公序良俗に反するなどの特段の事情のない限り右規範に照らし、右規範を有しないときは条理に基づき、適正な手続に則ってされたか否かによって決すべきであり、その審理も右の点に限られるものといわなければならない。

しかしながら、共産党袴田最判は、小法廷限りの判断であることに加え、民集登載判例でないことから、その先例的価値はない。仮に、先例としての通用力があるとしても、上記説示は判例変更されるべきである。

(2) 令和2年最大判は地方議会に部分社会の法理を認めた昭和35年最大判を判例変更した

その理由の1つは、令和2年最大判（最大判令和2年11月25日民集74巻8号2229頁）が、地方議会における出席停止の懲罰の適否は司法審査の対象にならないと判断していた昭和35年最大判（最大判昭和35年10月19日民集14巻12号2633頁）を判例変更したことにある。

まず、令和2年最大判は、昭和35年最大判を判例変更するにあたり、「自律的な法規範をもつ社会ないしは団体に在つては、当該規範の実現を内部規律の問題として自治的判断に任せ、必ずしも、裁判をまつを適当としないものがある」との説示を完全に削除した。

また、令和2年最大判は、司法審査において認められる議会の裁量についても、「議会に一定の裁量が認められる」として「一定の」という限定をしている。

(3)　「憲法上の根拠」なく「法律上の争訟」の要件に該当する場合に司法審査を拒絶すれば憲法32条・憲法76条1項に違反する

ア　司法審査の対象外とするためには「憲法上の根拠がある場合」に厳格に限定される

行政法学者でもある宇賀克也裁判官は、令和2年最大判における補足意見として、以下のように述べている。

法律上の争訟は、①当事者間の具体的な権利義務ないし法律関係の存否に関する紛争であって、かつ、②それが法令の適用により終局的に解決することができるものに限られるとする当審の判例（最高裁昭和51年（オ）第749号同昭和56年4月7日第三小法廷判決・民集35巻3号443頁）に照らし、地方議会議員に対する出席停止の懲罰の取消しを求める訴えが、①②の要件を満たす以上、法律上の争訟に当たることは明らかであると思われる。

法律上の争訟については、憲法32条により国民に裁判を受ける権利が保障されており、また、法律上の争訟について裁判を行うことは、憲法76条1項により司法権に課せられた義務であるから、本来、司法権を行使しないことは許されないはずであり、司法権に対する外在的制約があるとして司法審査の対象外とするのは、かかる例外を正当化する憲法上の根拠がある場合に厳格に限定される必要がある。

このような令和2年最大判の説示を前提とすれば、法律上の争訟の①②の要件を満たす以上、司法審査をしなければ、憲法32条を侵害するとともに、憲法76条1項にも違反することにもなる。また、その例外が許容されるのは、あくまでも「憲法上の根拠がある場合」に厳格に限定される。

イ　八幡製鉄最大判によれば「憲法は政党について

規定するところがなく、これに特別の地位を与えてはいない」

ところが、共産党袴田最判が司法審査を限定した根拠は、「政党の結社としての自主性」のみである。周知のとおり、八幡製鉄最大判（最大判昭和45年6月24日民集24巻6号625頁）は、政党について次のように判断している。

> 憲法は政党について規定するところがなく、これに特別の地位を与えてはいないのであるが、憲法の定める議会制民主主義は政党を無視しては到底その円滑な運用を期待することはできないのであるから、憲法は、政党の存在を当然に予定しているものというべきであり、政党は議会制民主主義を支える不可欠の要素なのである。そして同時に、政党は国民の政治意思を形成する最も有力な媒体であるから、政党のあり方いかんは、国民としての重大な関心事でなければならない。

この説示からも明らかなとおり、「憲法は政党について規定するところがなく、これに特別の地位を与えてはいない」ため、「政党の結社としての自主性」なるものは、例外を正当化する憲法上の根拠とは到底いえない。

また、同判決のいうとおり「政党のあり方いかんは、国民としての重大な関心事」であることから、政党による処分全般についても、ブラックボックスにするべきではなく、全面的な司法審査に服するべきである。さらに、「政党は議会制民主主義を支える不可欠の要素」であると同時に「政党は国民の政治意思を形成する最も有力な媒体」であることから、政党の規約についても、それが「議会制民主主義を支える不可欠の要素」たる政党にふさわしい「国民の政治意思を形成する」ためのものでなければならない。

ウ　憲法21条1項の保障する「結社の自由」は「憲

法上の根拠がある場合」に該当しない

なお、被告にも、公権力との関係で、憲法21条1項が保障する「結社の自由」の保障が及ぶとしても、憲法32条及び憲法76条1項に違反する例外を許容する「憲法上の根拠」たり得ないことはいうまでもない。

たとえば、国労広島地本最判（最3小判昭和50年11月28日民集29巻10号1698頁）は、労働組合が徴収する臨時組合費に納入義務があるか否かという団体内部の紛争であっても、その義務の有無について、「問題とされている具体的な組合活動の内容・性質、これについて組合員に求められる協力の内容・程度・態様等を比較考量し、多数決原理に基づく組合活動の実効性と組合員個人の基本的利益の調和という観点から、組合の統制力とその反面としての組合員の協力義務の範囲に合理的な限定を加えることが必要である」として、労働組合に裁量を認めることは、裁判所が自ら比較考量をしている。労働組合にも憲法21条1項の保障する「結社の自由」が保障されることは言うまでもないところ、労働組合が徴収する臨時組合費という団体の純然たる内部事項であるにもかかわらず、最高裁はその当否を審査したのである。

本件で問題となるのは、こうした純然たる内部事項の問題ではなく、除名処分という党員に対して下される最も重い処分である。上記のとおり、政党が「特別の地位」を有しない以上、労働組合と同様に、全面的な司法審査が及ぶべきである。

⑷　本件除名処分に関する司法審査のあり方

ア　本件除名処分は当然に司法審査の対象となる

当然のことながら、本件除名処分は、原告の共産党員としての権利及び義務（日本共産党規約（甲3）5条等）を失わせしめるにとどまらず、後述（4⑵）のとおり、比例代表選出議員として立候補する自由を剥奪し、原告の名誉権、信用を含む人格権をも侵害するものであるから、共産党袴田最判の判例変更をせずとも、「一般市民法秩序と直接の関係を有しない内部的な問題」とは到底いえず、司法審査の対象になることはいうまでもない。

しかしながら、政党の自主性なるものが「憲法上の根拠」でないことは明らかであるから、法律上の争訟の要件①②を満たす以上、全面的な司法審査の対象になり、「一般市民法秩序と直接の関係を有しない内部的な問題」を司法審査の対象から排除する理由は一切ない。

イ　本件除名処分につき被告の裁量は認められない

共産党袴田最判は、「当該政党の自律的に定めた規範が公序良俗に反するなどの特段の事情のない限り右規範に照らし、右規範を有しないときは条理に基づき、適正な手続に則ってされたか否かによって決すべきであり、その審理も右の点に限られるものといわなければならない」と判断している。当該説示を前提としても、「適正な手続に則ってなされたか否か」（手続的違法事由）のみならず、政党による処分が「政党が自律的に定めた規範」ないし「条理」に適合するか否かや「政党の自律的に定めた規範」が「公序良俗に反する」か否か（実体的違法事由）についても、裁判所が審査できることはいうまでもない。

また、令和2年最大判は地方議会に「一定の裁量」を認めているものの、共産党袴田最判は、政党に「一定の裁量」すら認めていない。このことは、地方議会については、令和2年最大判の宇賀裁判官補足意見が指摘するとおり、「地方議会の自律性」が憲法上認められるのに対し、政党については、八幡製鉄最大判が「憲法は政党について規定するところがなく、これに特別の地位を与えてはいない」ことからも明らかである。

したがって、裁判所は、本件除名処分につき、上記の手続的違法事由だけでなく、実体的違法事由についても、全面的に司法審査をしなければ憲法32条及び憲法76条1項に違反する。

3 本件懲戒処分の手続は違法である

(1) 支部が行うべき除名処分を特別な事情もないのに地区委員会が行ったこと（規約50条）に係る違法

ア 規約50条の内容

規約50条は、除名処分を含む党員に対する処分につき、次のとおり規定する（下線は原告代理人による。）。

党員にたいする処分は、その党員の所属する支部の党会議、総会の決定によるとともに、一級上の指導機関の承認をえて確定される。特別な事情のもとでは、中央委員会、都道府県委員会、地区委員会は、党員を処分することができる。この場合、地区委員会のおこなった処分は都道府県委員会の承認をえて確定され、都道府県委員会がおこなった処分は中央委員会の承認をえて確定される。

このように、除名処分を含む党員に対する処分は、原則として、その党員の所属する支部の党会議、総会の決定によると定められている（第1文）。例外的に地区委員会等が行うことができるのは、あくまでも「特別な事情」という例外的な場合に限られる（第2文）。

イ 支部の同意は「特別な事情」の重要な考慮要素である

このように、規約50条第2文は、党員に対する処分権限は、原則として、当該党員が所属する党の基本的組織（規約38条）たる支部の権限であるにもかかわらず、これを強制的に地区委員会等に移譲させるものである。こうした例外的な位置づけを踏まえれば、「特別な事情」（規約50条）という要件は、限定的・制限的に解釈適用されるべき手続規定である。しかも、規約54条が「除名は、党の最高の処分であり、もっとも慎重におこなわなくてはならない。」と定めていることからすれば、「特別な事情」の有無の判断において、除名処分等を行うことについての被処分者の属する支部あるいは支部委員会の同意の有無が重要な考慮要素となる。

ウ　本件では支部の同意はなく「特別な事情」も存在しない

ところが、本件では、本件除名処分時において原告が属していた支部である日本共産党京都南地区委員会・新日プロセス支部（以下「本件支部」という。）の会議及び支部の指導部である支部委員会の会議は開催されておらず、本件除名処分を行うことについて本件支部及び本件支部委員会の同意はなかった。なお、地区委員会から電話を受けたとされる支部委員も、本件除名処分を行うことについて同意していない。

本件支部が事実上崩壊状態にあるなど機能していないという事実もなかったのであるから、「特別な事情」が存在するとは到底いえない。このように、本件地区委員会には、原告の除名処分を行う権限はなかったのであるから、本来除名処分をする権限のない機関（地区委員会）が本件除名処分を行うという手続上の瑕疵がある。

エ　被告の「特別な事情」に係る主張には理由がない

これに対し、被告の京都地区委員会常任委員会が原告に対して交付した2023（令和5）年2月6日付けの除名処分通知書（甲2。以下「本件除名通知書」という。）においては、「あなたの所属する党組織は南地区委員会・新日プロセス支部ですが、あなたがすでに全国メディアや記者会見などで公然と党攻撃を行っているという『特別な事情』にかんがみ、同支部委員会の同意のもと、党規約第50条にもとづき、南地区委員会常任委員会として決定したものです。」と記載されている。

しかしながら、全国メディアや記者会見等を行うことは党員の表現の自由（憲法２１条１項）であり、被告は「意見がちがうことによって、組織的な排除をおこなってはならない」（規約３条５号）ことにも照らすと、上記例外的な手続規範である「特別な事情」を抽象的で漠然とした「党攻撃」という過度に広汎な意味合いで捉える解釈・適用は許されるものではない。

また、前記ウのとおり本件支部委員会の同意があったという事実はなく、上記のとおり、これは「特別な事情」の有無を判断するための重要な考慮要素となるべきであることから、やはり「特別な事情」は認められないものというべきである。

オ　適正手続を没却する重大な手続違法があり、公序良俗違反がある

したがって、本件では、本件支部が行うべき除名処分を「特別な事情」もないのに本件地区委員会が行ったこと（規約５０条）に係る手続上の違法がある。そして、その違法性の程度は適正手続を没却するような重大なものであるから、本件除名処分は公序良俗（民法９０条）に反する違法かつ無効なものである。

(2)　意見表明手続（規約５５条前段、５条１０項）に係る違法

ア　規約５条１０項、５５条前段等の内容

規約は除名処分に関して以下のとおりの規定を置いている。

第５４条　除名は、党の最高の処分であり、もっとも慎重におこなわなくてはならない。党員の除名を決定し、または承認する場合には、関係資料を公平に調査し、本人の訴えをききとらなくてはならない。

第５条１０項　自分にたいして処分の決定がなさ

れる場合には、その会議に出席し、意見をのべることができる。

第55条前段　党員にたいする処分を審査し、決定するときは、特別の場合をのぞいて、所属組織は処分をうける党員に十分意見表明の機会をあたえる。

イ　除名処分を決する会議で意見を述べる権利は現実に行使可能な程度に告知されるべきである

このように、党員の除名処分決定がなされる場合には、党員には除名処分を決定する会議に出席して十分に意見を表明する権利が付与されなければならない旨規定されており（規約5条10項、55条前段）、除名処分が党員の資格をはく奪する最も重大な処分であって、除名手続は最も慎重に行われる必要があること（規約54条）にも照らすと、除名処分を決定する会議に出席して意見を述べる権利についていては、現実にその権利が行使可能な程度に、除名の対象となった党員に対しその権利が告知・通知される必要があるものと解すべきである。

なお、共産党袴田最判の事案では、日本共産党側は、除名処分を行った者（元党員の袴田氏）に対して、除名処分を決定する会議の場への「出頭要請」を行っている。すなわち、同事件の控訴審判決（東京高判昭和59年9月25日判時1134号87頁）で確定した事実関係では、「党員に対する除名処分は党としての最も重い制裁であるところから、党統制委員会としては控訴人から十分な弁明を聴いたうえで処分を決めようとしたが（党規約第69条第1項にも、本人に十分な弁明の機会を与えなければならないと規定されている。）、前述のとおり控訴人が出頭を拒否した」と判示されているとおり、具体的な会議の開催日時・場所を告げた上で出頭を要請したが、これを袴田氏が拒否したという事案であった。このような被告の従前の運用に照らしてもみても、除名処分を決定する会議に出席して意見を述べる党員の権利が現実にその権利が行使可能な程度に告知・通知されない場合には、手続上の違法があるというべきである。

ウ　原告が除名処分を決する会議で意見を述べる権利についての告知はなかった

本件では、「関係資料」の「調査」に係る手続自体は２０２３（令和５）年2月2日に被告日本共産党京都南地区委員会によって実施されたものの、原告が除名処分を決定する会議に出席して意見を述べる権利を行使することに関しては、いつ、どこで、その会議が実施されるかを含めて原告に対する一切の告知がされなかった（なお、同時期に被告である日本共産党を除名された鈴木元氏には、具体的な日時及び場所の告知や通知があったため、同氏は同様の会議に出席することができている。）。

そのため、原告は、除名処分を決定する会議に出席して意見を述べる権利について、現実にその権利が行使可能な程度に告知・通知されておらず、そのため本件除名処分を決定する２０２３（令和５）年2月5日の本件地区委員会常任委員会の会議への出席すら叶わなかったのであり、党員としての十分な意見表明の機会を実質的に付与されなかったのである。

エ　本件除名処分それ自体には、適正手続を没却する重大な手続違法があり、公序良俗違反がある

したがって、本件除名処分については、原告が除名処分を決定する会議に出席して意見を述べる権利について、現実にその権利が行使可能な程度に告知されるという手続きが経られていないから、規約55条前段、5条10項に係る違法あるいはこれらの規定の趣旨に反する違法がある。そして、その違法性の程度は適正手続を没却するような重大なものであるから、本件除名処分は公序良俗（民法９０条）に反する違法かつ無効なものである。

(3)　再審査手続（規約５５条後段）に係る違法

ア　規約５５条後段の内容

規約５５条後段は、除名処分に係る再審査の手続きについて、「処分をうけた党員は、その処分に不服であるならば、処分を決定した党組織に再審査をもとめ、また、上級の機関に訴えることができる。被除名者が処分に不服な場合は、中央委員会および党大会に再審査をもとめることができる。」と定めている。

イ　再審査では、党大会で再審査請求を求める者の意見表明の機会が付与されるべきであり、民主的な議論がつくされたうえで最終的に多数決で決するという手続がとられるべきである

除名処分は「もっとも慎重におこなわなくてはならない」ことから、その再審査の手続についても慎重な手続で行われる必要がある。また、規約の付則は、「中央委員会は、この規約に決められていない問題については、規約の精神にもとづいて、処理することができる。」（規約５６条）としていることや、「民主集中制」の原則に関する規約３条柱書が「党は、党員の自発的な意思によって結ばれた自由な結社であり、民主集中制を組織の原則とする。その基本は、つぎのとおりである。」とし、同条１号が「党の意思決定は、民主的な議論をつくし、最終的には多数決で決める。」と規定していることにも照らすと、「党大会」における「再審査」（規約５５条後段）の手続は、党大会において民主的な議論が尽くされたうえで、最終的に多数決で決するという手続によるべきである。

加えて、再審査自体も「処分の決定」（５条１０項）に含まれうるものであり、あるいは、前述した規約５４条や５５条前段の内容ないしこれらの趣旨を考慮すると、党大会において少なくと

も除名処分の再審査請求を求める者の意見表明の機会が付与されるべきである。

ウ　再審査を一部の党幹部が行い、党大会で「報告」し承認を得るという手続は違法である

上記のことに関し、党大会の一部の者（例えば一部の党幹部で構成される組織）で事前に除名処分についての決定が行われ、その決定の結果が党大会において報告され、その報告内容に基づき除名が妥当である旨の承認がされるという再審査の手続は、「党大会」が「最高機関」（規約１９条）であるにもかかわらず実質的に一部の党員のみが「最高機関」として決定をするに等しいものというべきであって、上記３条柱書・１号の民主集中制や多数決原則に反するほか、除名処分は「もっとも慎重におこなわなくてはならない」とする規約５４条前段の趣旨にも反するものである。

このように、「再審査」（規約５５条後段）は、党大会において除名処分の再審査請求を求める者の意見表明の機会が付与され、民主的な議論がつくされたうえで、最終的に多数決で決するという手続によるべきであり、このような手続によることなく、例えば、党大会の幹部らによる報告が行われ、これに対して拍手による承認がなされるといった手続がとられた場合には、同条後段に係る違法があるものというべきである。

エ　本件の再審査では、原告の意見表明の機会はなく、民主的議論が尽くされることもなく多数決手続もとられなかった

本件では、２０２４（令和６）年１月１６日、日本共産党第２９回党大会において、「大会幹部団」が再審査を行った上で再審査「請求を却下」するとの決定を行い、これを同党大会において「報告」し、代議員の拍手による「承認」がされたとの手続がとられたのであり、原告が同党大会において意見表明の機会を付与されず、民主的な議論がつくされることもなく、その上で、最終的に多数決で決するという手続がとられることは全くなかった。

オ　本件の再審査は、適正手続を没却する重大な手続違法があり、公序良俗に違反する

したがって、本件除名処分の再審査についても、規約55条後段に係る違法があり、その違法性の程度は適正手続を没却するような重大なものであるから、本件除名処分は公序良俗（民法90条）に反する違法かつ無効なものである。

(4)　小括：本件除名処分の手続は違法無効である

以上のとおり、本件除名処分は原告に本件除名処分前に意見を述べる機会を十分に与えられず、本件支部委員会の同意も無いまま、処分権限無き本件地区委員会が行った上に、再審査手続においても意見表明の機会は無いまま「大会幹部団」が決定したのであるから、本件除名処分は手続上重大な違法があり、無効である。

4　本件懲戒処分は処分要件を満たさない

(1)　被告の主張する処分根拠

ア　本件通知書における処分根拠

本件除名通知書（甲2）によれば、本件除名処分は、原告による以下の行為①ないし③が、党規約（甲3）の「党内に派閥・分派はつくらない」（3条4項）、「党の統一と団結に努力し、党に敵対する行為は行わない」（5条2項）、「党の決定に反する意見を、勝手に発表することはしない」（5条5項）に該当することを前提としてなされている（以下、処分根拠とされている党規約を「本件各規約」という。）。

行為①：原告が、2023（令和5）年1月に出版した本件書籍（甲1）において、「党首公選制」を実施すべきと主張するとともに、党規約にもとづく党首選出方法や党運営について、「党内に存在する異論を可視化するようになっていない」、「国民の目から見ると、共産党は異論のな

い（あるいはそれを許さない）政党だとみなされる」と記載したこと

行為②：原告が、本件書籍（甲1）において、「核抑止抜きの専守防衛」として、「安保条約堅持」と自衛隊合憲を党の「基本政策」にすべきと主張したこと、日米安保条約の廃棄、自衛隊の段階的解消の方針につき「野党共闘の障害になっている」、「あまりにご都合主義」と記載したこと

行為③：原告が、『志位和夫委員長への手紙　日本共産党の新生を願って』（かもがわ出版）を執筆している鈴木元氏に対して、本件書籍と「同じ時期に出た方が話題になりますよ」と述べたこと

イ　求釈明：各行為と処分要件の適用関係を明確にされたい

このように、本件通知書に記載されている処分根拠となる事実は、行為①ないし③のみであるが、本件通知書においては、本件各規約のどの要件にどの事実が該当するのかの適用関係が一切明らかにされていない。被告においては、本件除名処分の根拠となる各事実につき、それぞれ本件各規約のどの要件に該当をするのかを明らかにされたい。その際、本件書籍における記載の具体的内容及び該当頁の特定、各党規約の要件の定義の提示及び当てはめ、規約5条5項の該当性については対象となる「党の決定」についても、それぞれ明確に主張されたい。

(2)　本件除名処分それ自体が公序良俗に反する

ア　本件除名処分は原告の党首選立候補を阻止するためのものである

原告が被告の党首に立候補しようとしていたことは、本件書籍（甲1）のサブタイトルが『ヒラ党員が党首公選を求め立候補する理由』であることから明らかであるが、本件除名処分は、これを

阻止するべく行われたものである。

イ　三井美唄炭鉱最大判によれば立候補の阻止は統制権の限界を超える

三井美唄炭鉱最大判（最大判昭和43年12月4日刑集22巻13号1425頁）は、労働組合と組合員という私人間における紛争でありながら、次のとおり、立候補の自由に対する制約につき、比較衡量をしたうえで、「立候補を取りやめることを要求し、これに従わないことを理由に当該組合員を統制違反者として処分する」ことは違法であると判断した（下線は原告訴訟代理人による。）。

公職選挙における立候補の自由は、憲法15条1項の趣旨に照らし、基本的人権の一つとして、憲法の保障する重要な権利であるから、これに対する制約は、特に慎重でなければならず、組合の団結を維持するための統制権の行使に基づく制約であつても、その必要性と立候補の自由の重要性とを比較衡量して、その許否を決すべきであり、その際、政治活動に対する組合の統制権のもつ前叙のごとき性格と立候補の自由の重要性とを十分考慮する必要がある。

（中略）統一候補以外の組合員で立候補しようとする者に対し、組合が所期の目的を達成するために、立候補を思いとどまるよう、勧告または説得をすることは、組合としても、当然なし得るところである。しかし、当該組合員に対し、勧告または、説得の域を超え、立候補を取りやめることを要求し、これに従わないことを理由に当該組合員を統制違反者として処分するがごときは、組合の統制権の限界を超えるものとして、違法といわなければならない。

ウ　党首への立候補も公職への立候補と同視できる

本件で問題となるのは、党首への立候補であるが、公職への立候補と同視できる。なぜなら、現在の選挙制度においては、衆議院（比例代表選出）議員及び参議院（比例代表選出）議員の選挙に立候補できるのは、政党に所属する者に限られている（公職選挙法８６条の２第１項、同法８６条の３第１項）。そのため、本件除名処分により、原告は、党首に立候補する自由を奪われたばかりでなく、比例代表選出議員として立候補する自由をも奪われたのである。

しかも、被告においては、前党首である志位和夫氏は、２０２１年衆議院議員選挙において、名簿登載順位は１位であるとおり（甲４）、党首になることができれば、その分だけ公職に就任できる機会が保障される。そうすると、党首に立候補する自由を剥奪することは、その意味からも、公職の候補者として立候補する自由を剥奪するものといいえる。

このように本件除名処分により、立候補の自由を侵害するものであるのは明らかであるから、三井美唄炭鉱最判の説示が本件に適用されなければならない。

エ　本件除名処分は公序良俗に反し違法である

本件除名処分は、「勧告」または「説得」にとどまらないことはいうまでもない。それどころか、被告は、原告が書籍を出版するや否や、拙速に本件除名処分をしているが、本件除名処分に先立ち「立候補を取りやめることを要求」することすらしていないのである。こうした本件除名処分は、三井美唄炭鉱最判の事案と比較しても、立候補する自由を強く制限するものであるから、公序良俗（民法９０条）に反し、違法であるといわなければならない。

(3)　規約５条５項第４文は無効である

ア　規約５条５項第４文

本件除名処分の根拠の一つである規約５条５項

は、次のように定めている（下線は原告訴訟代理人による。）。

党の諸決定を自覚的に実行する。決定に同意できない場合は、自分の意見を保留することができる。その場合も、その決定を実行する。党の決定に反する意見を、勝手に発表することはしない。

このうち、本件除名処分は、第4文である「党の決定に反する意見を、勝手に発表することはしない」との処分要件に該当するとしてなされたものと推測されるが、当該条文は、公序良俗に反し無効である。

イ　憲法条項に抵触する行為は、不法行為が成立し、公序良俗に反する

三菱樹脂最大判（最大判昭和48年12月12日民集27巻11号1536頁）によれば、憲法条項は「もっぱら国または公共団体と個人との関係を規律するものであり、私人相互の関係を直接規律することを予定するものではない」。

しかし、同判決が指摘するとおり、「私的支配関係においては、個人の基本的な自由や平等に対する具体的な侵害またはそのおそれがあり、その態様、程度が社会的に許容しうる限度を超えるとき」には、立法措置による是正のほか「私的自治に対する一般的制限規定である民法1条、90条や不法行為に関する諸規定等の適切な運用によつて、一面で私的自治の原則を尊重しながら、他面で社会的許容性の限度を超える侵害に対し基本的な自由や平等の利益を保護し、その間の適切な調整を図る方途も存する」のである。そして、この「個人の基本的な自由や平等」については、絶対視はできないとしながらも、「極めて重要な法益として尊重すべきことは当然である」と説示しているのである。

このように、最高裁は、憲法条項に抵触する行為については、たとえ私人間であるとしても「極めて重要な法益として尊重」している。このことは、立候補する自由に対する制限を違法とした前掲・三井美唄炭鉱最判からも明らかである。

また、東京電力が従業員に対して「共産党員ではない」旨の書面を求めたことにつき不法行為が成立するかが問題となった東電塩山営業所最判（最２小判昭和６３年２月５日労判５１２号１２頁）も、「企業内においても労働者の思想、信条等の精神的自由は十分尊重されるべきである」と判示している。同判決は、結論としては不法行為の成立こそ認めなかったが、その理由は、共産党との係わりの有無を尋ねることに必要性・合理性があること、当該書面交付の要求は強要にわたるものではないこと、これを拒否することによって不利益な取扱いを受ける虞のあることを示唆したり、これに応じることによって有利な取扱いを受け得る旨の発言をしたりした事実はないという違法性を阻却する特段の事情があったからである。

このように、たとえ私人間における法律関係であっても、憲法上の権利を制約する場合、違法性を阻却する特段の事情がない限り、不法行為が成立し、公序良俗に反するのである。

ウ　規約５条５項第４文は憲法が保障する「出版」の自由等への侵害である

規約５条５項第４文は、「党の決定に反する意見を、勝手に発表することはしない。」というものであり、憲法２１条１項の保障する「言論」ないし「出版」といった「表現の自由」を制約するものであることはいうまでもない。しかも、禁止される表現が「党の決定に反する意見」であるから、いわゆる表現内容規制に該当する。仮に、国家権力がこうした表現内容規制を行う場合には、一般的には厳格審査基準が適用されるべきものである。

また、「党の決定に反する」か否かを判断することは容易ではないことから、党員に対して著しい萎縮効果を生じせしめるものである。しかも、「勝手に発表することはしない」と定められていることからすれば、結局のところ、発表する表現について、事実上、事前に党のチェックを得る必要があることとなり、これでは憲法21条2項が絶対的に禁止している「検閲」と何ら変わらない。このように、党員が一般市民として有している表現の自由を著しく制約するものであるにもかかわらず、これに代わる代替的な伝達経路が十分に確保されているともいえない。

こうした制約は、憲法が保障する表現の自由を著しく制約するものであるから、規約5条5項第4文は、公序良俗に反し、無効である。

(4) 規約3条4項は党員の義務を定めるものではないから党員には適用されない

また、被告は、本件除名処分の根拠の一つとして、規約3条4項の「党内に派閥・分派はつくらない」に該当することを挙げるが、そもそも規約3条は、党の原則を定めるものであり、党員の権利義務を定めるものではないから、処分根拠たり得ない。

すなわち、現行規約は、2000年の第22回大会において、それ以前の規約（以下「旧規約」という。）を廃止して制定されたものである。旧規約では、2条の「党員の義務」ひとつとして「全力をあげて党の統一をまもり、党の団結をかためる。党に敵対する行為や、派閥をつくり、分派活動をおこなうなどの党を破壊する行為はしてはならない。」（同1項）と定められていた。

これに対し、現行規約3条柱書は、「党は、党員の自発的な意思によって結ばれた自由な結社であり、民主集中制を組織の原則とする。その基本は、つぎのとおりである。」と定めているとおり、その主語は「党は」である。旧規約の規定ぶりと、現行の規約5条柱書が「党員の権利と義務は、つぎのとおりである。」と定めていることと比較すれば、規約3条4項があくまでも「党」を拘束する「基本」を定めたものであり、党員に適用される余地がないことは文言上明らかである。

(5) 本件各規約の処分要件を満たさない

規約によれば、党員に対する「規律違反」の処分は、「党員が規約とその精神に反し、党と国民の利益をいちじるしくそこなうとき」でなければならない（48条。下線は原告訴訟代理人による。）。しかしながら、本件除名処分は、原告が「規約」に反するとはいえず、「党と国民の利益をいちじるしくそこなうとき」にも該当しない。

ア　3条4項に該当しない

そもそも、規約3条4項は、党に適用される基本であり、党員に対して適用されるものでないことは、前述のとおりである。

それればかりでなく、同項は、「党内に派閥・分派はつくらない」と定めているところ、これに該当するというためには、原告が具体的な「派閥」や「分派」を作ったという事実がなければならない。同項にいう「分派」とは、被告の第2代日本共産党議長であった宮本顕治の『日本共産党50年問題資料2』（新日本出版社、1994年）の定義によれば、「特定の政綱をもち、またある程度閉鎖的となり、それ自身の党派的規律をつくろうと努力するグループ」をいう。ところが、被告が主張する原告の行為①ないし③は、いずれも単なる言論活動にすぎず、具体的な「派閥」や「分派」を作る行為ではない。仮に、被告が原告の行為①ないし③が「派閥」や「分派」をつくったとすれば、その定義を明確に示すとともに、本件具体的事実を適示のうえ、当てはめを行わなければならない。

イ　5条2項に該当しない

また、規約5条2項は、「党の統一と団結に努力し、党に敵対する行為は行わない」と定めているところ、「党に敵対する行為」とは、「敵として、党と対立すること」を意味する。具体的には、日本共産党それ自体を否定し、その解体を目指す行為に限定されるべきである。

しかし、被告が主張する原告の行為①ないし③は、いずれも原告が党首に立候補するにあたって政策を主張したものにすぎず、「党に敵対する行為」ではない。仮に、原告が「敵対」していたとすれば、党内の他の党首候補者にとどまり、「党」それ自体ではありえない。

それにもかかわらず、被告が、原告の行為①ないし③や原告が党首に立候補しようとすること自体を「党に敵対する行為」と理解しているのは、被告において、既に次の党首候補が内定しており、そこには何らの民主的な討論もなされていないことを裏付けていると言わざるを得ない。

ウ　5条5項に該当しない

上記のとおり、規約5条5項第4文は、公序良俗に違反し、無効であるが、仮に有効であるとしても、憲法が保障する権利を制約するものである以上、その適用範囲は限定されなければならない。

たとえば、アイドルグループに所属していた者に対して「ファンと性的な関係をもった場合」を禁止事項として定めた契約について、「異性との合意に基づく交際（性的な関係を持つことをも含む。）を妨げられることのない自由は、幸福を追求する自由の一内容をなす」として、対国家との関係であれば憲法13条の幸福追求権として保障されることを理由に、損害賠償請求ができる場合を「積極的に損害を生じさせようとして意図的にこれを公にした」などの「害意」がある場合に限定をしている（東京地判平成28年1月18日労判1139号82頁・甲5）。

また、規約5条8項は、「党の内部問題は、党内で解決する。」とのみ定めており、「党の内部問題は、党内で解決し、党外にもちだしてはならない」と定めていた旧規約の「党外にもちだしてはならない」との文言を削除している。このことからも、規約5条5項第4文が、出版を禁止する趣旨を含むものではないことは明らかである。

そもそも、原告の主張は、何ら「党の決定」に反するものではない。行為①については、「党首公選制をしない」という「党の決定」なるものは一切存在しない。党綱領や党規約のどこを読んでも書かれていないのである。被告は、本件除名通知書において「『党内に派閥・分派はつくらない』という民主集中制の組織原則と相いれない」と主張するが、そのような解釈が自明のものでないことは明確である。こうしたことを理由に処罰をすることは、表現活動に対する萎縮効果を生じさせるものである。

また、行為②についても、1961年に定められた旧綱領は、日米安保条約の即時廃棄を定めていたのに対し、2004年に全面改訂された新綱領においては、次のとおり全面改訂されている。

3　自衛隊については、海外派兵立法をやめ、軍縮の措置をとる。安保条約廃棄後のアジア情勢の新しい展開を踏まえつつ、国民の合意での憲法第九条の完全実施（自衛隊の解消）に向かっての前進をはかる。

この記述からも明らかなように、被告は、2004年時点で、「安保条約廃棄」前の段階を観念するとともに、この段階においては自衛隊の存在を前提とした「自衛隊活用論」が打ち出されている。換言すれば、2004年の新綱領では、次の三段階が想定されているのである。

第1段階（安保条約廃棄前）＝自衛隊活用論
第2段階（安保条約廃棄後）＝自衛隊の解消に向けた取り組み

第3段階（憲法第9条の完全実施）＝自衛隊の解消の実現

実際に、2015年10月15日、当時被告の党首であった志位和夫氏も、「日本に対する急迫・不正の主権侵害など、必要にせまられた場合には、この法律にもとづいて自衛隊を活用することは当然のことです」と自衛隊の合憲性を前提とする自衛隊活用論を主張し（下線は原告訴訟代理人による。）、また、「日米安保条約にかかわる問題は『凍結』するということになります」として、第1段階においては日米安保条約を維持することを前提とする発言をしている（2015年10月17日付「しんぶん赤旗」）。

こうした志位氏の発言を前提とすれば、被告において、原告の行為②に関し、「核抑止抜きの専守防衛」を認めてはならない、「安保条約堅持」を主張してはならない、自衛隊合憲を主張してはならないという「党の決定」は、少なくとも、2004年の新綱領以降には、何ら存在しないのである。そのため、原告の行為②が「党の決定」に反するものでないことは明らかである。

仮に、原告の行為②が「党の決定」に反するのであれば、志位氏のこれらの発言も「党の決定」に反するものとして、除名処分の対象にならなければならないが、そうした事実は存在しない。

これに加えて、原告は、行為①ないし③につき、党首として立候補するための政策の表明行為にすぎず、党に対する害意をもってなされたものではない。

したがって、本件各行為が5条5項に該当するとはいえない。

エ　「党と国民の利益をいちじるしくそこなうとき」にも該当しない

上記のとおり、党員に対する処分をするためには、「党員が規約とその精神に反」するだけでなく、「党と国民の利益をいちじるしくそこなうとき」でなければならない（規約４８条）。

ところが、被告は、本件除名通知書において、当該要件に該当する事実を一切主張していない。また、原告には、当該要件に該当する行為をした事実もない。このように、被告が当該要件の該当性すら検討をした記録がない以上、本件除名処分が処分要件を欠くことは明らかである。

⑹ 規約４９条、５４条違反

規約は、「規律違反の処分は、事実にもとづいて慎重におこなわなくてはならない。」（４９条）、「除名は、党の最高の処分であり、もっとも慎重におこなわなくてはならない。」とも定めている（５４条第１文）。そのため、本件除名処分をするにあたっては、単に規約違反が認められるだけでなく、除名処分をすることがやむを得ないという特段の事情が存在しなければならない。

しかしながら、被告の主張する原告の各行為は、いずれも規約における処分要件に該当しないばかりか、万が一、該当するとし得るとしても、各規約が禁止する核心的な行為ではなく、周辺部分に関する行為に留まる。

したがって、比例原則の観点から、もっとも慎重に行ったということはできず、本件除名処分は無効であるといわなければならない。

５ 小括

以上のとおり、本件除名処分は、手続上において重大な違法があるうえ、立候補妨害として公序良俗に違反するとともに、処分要件も満たさないことから、実体上も重大な違法があるものとして無効である。

第４ 本件損害賠償請求が認められるべきこと

１ 緒論

前記のとおり、被告が下した本件除名処分及び本件除名処分の再審査請求には手続上及び実体法上の重大な違法があり、原告の適正な手続により審査される利益等が侵害された。加えて、被告発行の新聞記事により、原告の名誉及び信用等が低下した。そこで、原告は被告に対し、当該損害の賠償請求も併せて行う。

2　本件除名処分等は政党の内部規律の問題にとどまらず、政党の自律的な判断に委ねるべき事項ではないこと

上記（第3の2(4)イ）のとおり、裁判所は、本件除名処分につき、上記の手続的違法事由だけでなく、実体的違法事由についても、全面的に司法審査をすることができるところ、このことは、損害賠償請求においても変わることはない。

なお、地方議会における懲罰に関する国家賠償請求の当否の判断方法につき、名張市議会最判（最1小判平成31年2月14日民集73巻2号123頁）は、当該措置が議会の内部規律の問題にとどまる限り、議会の自律的な判断を尊重し、これを前提として請求の当否を判断すべきであると判示しているが、当該判決は、令和2年最大判による判例変更よりも前である。令和2年最大判を前提とすれば、地方議会については「一定の裁量」が認められる余地はあるが、政党に裁量を認める憲法上の根拠は何ら存在しないことも、前述のとおりである。

3　本件除名処分による原告の手続的利益等の侵害

(1)　被告による原告の権利利益の侵害

上記第3で詳述のとおり本件除名処分は無効であるところ、被告は、除名という最も重い処分を回避しようとすることなく本件除名処分を行ったことは明らかである。

加えて、第3の3のとおり本件除名処分をするに至った調査が不十分であること、本件除名処分を決する会議で意見を述べる権利行使の機会を原告に付与しなかったこと、再審査請求において原告に弁明の機会を付与しなかったこと等の手続不備により、原告は本件除名処分を適正な手続により審査される利益を侵害された上、多大な精神的損害を被った。

(2)　損害の発生及び額：110万円

ア　慰謝料：100万円

被告の本件除名処分及び再審査の却下により原告に生じた手続的利益の侵害、多大な精神的苦痛ならびに再審査請求及び本訴訟提起等の対応を慰謝料として金銭に換算すれば、100万円は下らない。

イ　弁護士費用：10万円

原告は本訴訟の追行を弁護士に委任していることから、少なくとも弁護士費用として上記金額の1割の10万円が本件除名処分等と因果関係のある損害として認められる。

4　党機関紙の記事公表による名誉・信用の毀損、人格権侵害

(1)　原告の社会的評価を低下させる事実又は意見ないし論評の流布

被告の中央指導機関である日本共産党中央委員会（以下「被告中央委員会」という。）は、被告中央委員会の機関紙であるしんぶん赤旗に、別紙「本件名誉毀損行為一覧表」記載のとおり、原告の社会的評価を低下させる事実又は意見ないし論評を掲載した（甲6の1乃至6の5。以下「本件名誉毀損行為」という。）

(2)　本件名誉毀損行為による原告の社会的評価の低下

被告は、上記をいずれもしんぶん赤旗という新聞媒体に掲載しているところ、原告の社会的評価の低下については一般読者の普通の注意と読み方を基準として決する（最3小判昭和31年7月20日民集10巻8号1059頁）。

ア　本件記事①

本件記事①は原告が綱領を真剣に学んだことがないことを趣旨とするものであり、一般読者の普通の注意と読み方を基準とすれば原告が被告の綱領を真剣に学んだことのない、不誠実な党員であるとの事実を摘示するものであり、原告の社会的評価が低下している。

この点、被告中央委員会は、被告の綱領が日米安保条約の廃棄を掲げていること、原告が書籍内で日米安保条約を堅持することを主張していることを理由に本件記事①を掲載している（甲6の1）。

しかし、原告は50年近くにわたって被告に所属していた上、党員として党本部に勤務したほか、政策委員会では安全保障及び外交を担当し、安保外交部長という要職にも就いた経験がある。かかる経験を積むためには、被告による決定が必要であることから、原告が被告の綱領を真剣に学び、十分に理解していることは被告及び被告中央委員会にとっても公知の事実である。

イ　本件記事②

まず、日本共産党に対する攻撃・かく乱者としての姿をあらわにするものという表現は、一般読者の普通の注意と読み方を基準とすれば原告が被告を攻撃し、かく乱するといういたずらに被告を混乱させる人物であるとの事実を摘示するものであり、原告の社会的評価が低下している。

次に、善意の改革者を装っているがその正体は何であるか明らかという表現については、前述のとおり、原告が被告に対する攻撃・かく乱者としての姿をあらわにするものという表現に加えて、本件記事③で〝善意〟のかけらもないこと、本件記事④で悪意ある行動だと原告についてそれぞれ表現していることも併せ考えると、一般読者の普通の注意と読み方を基準とすれば、原告が被告に害を加える意図で行動する人物であるという事実を摘示するものであり、原告の社会的評価が低下している。

この点、被告中央委員会による上記摘示は、原告が2023（令和5）年2月6日に行った会見における次の発言に依拠している（甲6の2）。

「私がいいたいのは、（離党について）いや早まるなと、ぜひ党にとどまって来年1月の党大会に代議員として出て、そのとき除名は反対だという意思を表示してほしい。同時にそこで党首公選も一緒に議決したらいい。

私としてはこれから1年近くあるわけですから、全国の党員に呼びかけていきたい。そのためにこの1年を全力でたたかいぬきたい」

原告の上記発言は、自らの除名処分に反対の意思表示を希望することと、党首公選制の議決についての提案である。

まず、除名処分への反対の意思表示は、再審査請求という党規約55条に基づく手続を履践することについてのものであり、当事者以外の他の代議員の意見表明は党規約において禁じられていない。

党首公選の議決についても、「議決したらいい」という発言からも明らかなとおり、党の規約に基づいた、党大会での議決についての発言である。

以上より、原告の言動は被告を攻撃及びかく乱するものでもなければ、被告に害を加える意図を有するものでもない。

ウ　本件記事③

本件記事③は本件記事②と同様、一般読者の普通の注意と読み方を基準とすれば原告が被告を攻撃し、かく乱するといういたずらに被告を混乱させる人物であるとの事実を摘示するものであり、原告の社会的評価が低下している。

被告中央委員会は、除名処分の再審査を求めること、同調する党員に除名に反対する意思表示をする旨呼びかけたことを根拠としている。

しかし、再審査請求が党規約に基づく正当な権利であることは上記のとおりであるから、これをもって被告を攻撃及び混乱させる人物であるとは到底いえない。同調する党員への呼びかけも、他の代議員の意見表明は党規約において禁じられていないのであるから同様である。

エ　本件記事④

真面目な人のやることじゃないという表現は、

一般読者の普通の注意と読み方を基準とすれば原告が不真面目な人物であるという事実を摘示するものであり、原告の社会的評価が低下している。

被告中央委員会は、外からいきなり攻撃すると記載しており、原告が『シン・日本共産党宣言ヒラ党員が党首公選を求め立候補する理由』（甲1）を刊行したこと等を根拠としていると思われる。

しかし、原告は外部で自身の意見を表現しただけに過ぎず、被告を攻撃していない。仮に原告の表現行為が攻撃にあたるとしても、外部から攻撃することと不真面目であることには明確な繋がりが無く、論理が飛躍している。

オ　本件記事⑤

まず、本件記事⑤のうち、党の自律的ルールである規約を破壊する行為及び卑劣なやり方という表現は、一般読者の普通の注意と読み方を基準とすれば、原告が被告の規約を破壊し混乱させる意図を有する危険な人物であることならびに正々堂々していない人物であるとの事実を摘示するものであり、原告の社会的評価が低下している。

被告中央委員会は、原告が他の党員に対して、原告に同調する党員には、党大会で除名に反対だという意思を表示してほしいと記者会見で表明したこと、党指導部の方針に反対していても明確に反対すると言わないやり方もあると自身のブログに記載したことを根拠としている。

しかし、原告が被告の規約を破壊し混乱させる意図を有する危険な人物ではないことは本件記事②のとおりである。そもそも原告は、自らの同調者を党内につくろうとしているのではなく、既に同調している党員に対しその旨を表明してほしいというものであるから、前提事実に誤りがある。卑劣なやり方という表現についても、原告は秘密裏に他の党員に指示したのではなく、被告を含む誰もが見られる自身のブログ上で公表している上、原告の提案は、本心を隠して党大会代議員になれというものではなく、明確に意見として表明しないというものに過ぎないのであるから、卑劣であるどころかむしろ正々堂々としていることは明らかである。

次に、本件記事⑤のうち、「除名の再審査」を求める資格そのものを厳しく問うという表現は、あたかも原告が除名の再審査を求める資格すら有しない人物であるとの事実を摘示し、やはり原告の社会的評価が低下している。

しかし、再審査を請求する資格については党規約に制限が無いため、前提とする事実に誤りがある。

(3) 損害の発生及び額：440万円

ア　慰謝料：400万円

名誉毀損における損害額は「名誉毀損による損害について加害者が被害者に対して支払うべき慰謝料の額は、事実審の口頭弁論終結時までに生じた諸般の事情を斟酌して裁判所が裁量によって算定するもの」とされており（最3小判平成9年5月27日民集51巻5号2024頁）、御庁の裁量で算定される。

もっとも、名誉毀損の慰謝料額の算定式は、名誉毀損による損害賠償請求の各判決を分析に基づき「被害者属性別中央値±伝播性・影響力の強弱±加害行為の悪質性」とされている（甲7）。以下、当該算定式に基づき、本件名誉毀損行為により原告に生じた慰謝料額が最低でもいくらになるかを算出する。

(ア)　被害者属性別中央値

原告は共産党員であるほか、ジャーナリストでもあり、著名人であるから、被害者属性別中央値は100万円である。

(イ)　伝播性・影響力の強弱

本件名誉毀損行為は、新聞という社会的信頼性が高く影響力の強い媒体に加え、世界中の人が

２４時間アクセス可能なインターネット上でも行われており、伝播性・影響力が極めて強いものである。すなわち、しんぶん赤旗は、前述したとおり、第三種郵便で公的な補助を受けて安価に郵送できる新聞メディアであり、全国の自治体図書館や大学図書館など党外の公の施設や文教施設等でタイムリーに閲覧可能であり（しかも1年間や数か月間はバックナンバーとして閲覧可能な状態に置かれる）、かつ、個々の除名した党員に関する事項について詳細に書いている党発行の新聞媒体は他に例がなく、さらにインターネット版もあることから、その公的・社会的な影響力は極めて大きい。原告に対する本件除名処分は、しんぶん赤旗という新聞メディアをもって党外・全国に広くタイムリーに、また何度も拡散され続けているのであって、伝播性・影響力は非常に強い。

（ウ）加害行為の悪質性

　被告中央委員会は本件名誉毀損行為を計５回も、２０２３（令和）５年１月２１日から同年１２月１日と長期間に断続的に、執拗に行っている（甲６の１乃至６の５）。

　また、本件名誉毀損行為は、現在６９歳の原告が、５０年近くと人生の大部分を共産党員として過ごしてきた原告の本質に対し、原告が共産党を破壊等しようとする人物であると摘示し原告のアイデンティティーを全面的に否定するものであり、極めて悪質と言わざるをえない。

（エ）損害額

　以上のとおり原告が著名人であること、本件名誉・信用毀損行為の強い伝播性及び行為の悪質性等諸般の事情を斟酌すれば、原告に生じた損害はどれだけ少なく見積もっても４００万円を下らない。

　したがって、原告に生じた精神的苦痛は甚大なものであるが、あえて慰謝料として金銭的に換算すれば、少なくとも４００万円である。

イ　弁護士費用：40万円

前記同3（2）イ同様、原告は本訴訟の追行を弁護士に委任していることから、少なくとも弁護士費用として上記金額の1割の40万円が本件名誉・信用毀損行為と因果関係のある損害として認められる。

5　被告は原告に550万円を支払うべきである

以上のとおりであるから、原告に生じた手続的利益の損害及び名誉・信用毀損により生じた精神的苦痛並びに社会的評価の低下等の損害を金銭的に換算すれば、少なくとも550万円は下らない。

第5　結語

よって、原告は、被告の党員たる地位にあることを確認すると共に、被告に対し、550万円及びこれに対する令和5年2月5日から支払い済みまで民法所定の年3分の割合による遅延損害金の支払を求める。

以上

証　拠　方　法

証拠説明書記載のとおり

附　属　書　類

1　訴状副本　1通
2　甲号証写し　各2通
3　証拠説明書　2通
4　資格証明書　1通
5　訴訟委任状　1通

別紙　本件名誉毀損行為一覧表

記事　発行日　記事内容抜粋　証拠番号

本件記事①　2023（令和5）年1月21日

「…いったい松竹氏は、長い間党に在籍しながら、綱領を真剣に学んだことがあるのでしょうか。」　甲　6

の1

本件記事②　　2023（令和5）年2月8日

表題：党攻撃とかく乱の宣言―松竹伸幸氏の言動について

「…松竹伸幸氏が6日、日本記者クラブで「会見」しました。その内容は、日本共産党に対する攻撃・かく乱者としての姿をあらわにするものとなっています。」

「…松竹伸幸氏は、日本共産党に対する「善意の改革者」を装っていますが、その正体が何であるかを自ら告白したものといえましょう。」　甲6の2

本件記事③　　2023（令和5）年2月19日

表題：松竹氏　党かく乱者であることを告白

「…松竹伸幸氏は、〝善意の改革者〟を装っていますが、党の破壊者・かく乱者であることをみずからの言動で明らかにしています。」

「…党の最高機関である党大会のかく乱を企図し、表にあらわれない形で、みずからを支持するグループ＝分派をつくるための活動をはじめたことを告白したものにほかなりません。」

「〝善意〟のかけらもないことはあまりにも明白です。」

甲6の3

本件記事④　　2023（令和5）年2月26日

「外からいきなり攻撃するというのは、これは真面目な人のやることじゃない。悪意ある行動だと私たちは断ぜざるを得ないのであります。」　甲6の4

本件記事⑤　　2023（令和5）年12月1日

「松竹氏が行っている党内に自らの同調者をつくろうという活動は、「党内に派閥・分派はつくらない」（第3条）と明記した規約に反する行動を行うよう、党員にけしかけるものであり、党外から、わが党の自律的ルールである規約を破壊する行為です。」

「〝本心を隠して党大会代議員になれ〟と「指南」することは、党内の率直で民主的な討論を、二心的な議論に置き換えようという、たいへんに卑劣なやり方と言わなければなりません。」

「松竹氏が行っている卑劣な党破壊とかく乱の行動は、

「除名の再審査」を求める資格そのものを厳しく問うものとなっているといえましょう。」　甲6の5

（別紙）

当　事　者　目　録

原告　　　松竹　伸幸

〒103−0013
東京都中央区日本橋人形町1丁目8番4号
東商共同ビル8階
永世綜合法律事務所（送達場所）
上記訴訟代理人弁護士　平　裕介
（連絡担当）同弁護士　堀田　有大
電　話　03−6810−9111
FAX　03−6810−9113

〒930−0066
富山県富山市千石町六丁目1番1号
法律事務所Z　北陸オフィス
同　　弁護士　伊藤　建
電　話　076−486−9825
FAX　076−464−4118

〒151−8586
東京都渋谷区千駄ケ谷四丁目26番7号
被告　　日本共産党
上記代表者　日本共産党中央委員会議長
志位　和夫

（令和6年3月7日、東京地裁に提出。
同5月7日、一部訂正申立）

松竹伸幸（まつたけ・のぶゆき）

1955年長崎県西海市崎戸町生まれ。兵庫県立神戸高校卒後、一橋大学社会学部を卒業。全学連（全日本学生自治会総連合）委員長、民主青年同盟国際部長などを経て日本共産党中央委員会勤務。国会議員（金子満広氏など）秘書ののち、政策委員会に勤務し、安保外交部長などを歴任。自衛隊問題での志位和夫氏との意見の違いをきっかけに退職し、かもがわ出版で編集長を務め、現在は同編集主幹。24年2月、『シン・日本共産党宣言』（文春新書）刊行を理由に共産党から除名され、現在、その撤回を求めて裁判中。主な著書に『不破哲三氏への手紙』（宝島社新書）、『異論の共存戦略』（晶文社）、『〈全条項解説〉日米地位協定の真実』『改憲的護憲論』（以上、集英社新書）、『対米従属の謎』『憲法九条の軍事戦略』（以上、平凡社新書）など多数。

共産党除名撤回裁判の記録Ⅰ　東京地裁の門をくぐる

2024年7月15日　第1刷

著　者　ⓒ松竹伸幸
発行者　竹村正治
発行所　株式会社　かもがわ出版
〒602-8119　京都市上京区堀川通出水西入
TEL 075-432-2868 FAX 075-432-2869
振替　01010-5-12436
ホームページ　http://www.kamogawa.co.jp
印刷所　シナノ書籍印刷株式会社

ISBN978-4-7803-1333-8　C0031